# Objectif Orientation

1re Tle

VERS LE POSTBAC

W0243312

**Nous remercions chaleureusement nos autrices…**

## 6 coachs professionnelles certifiées membres de Génération 15-25


**Lynne Alliot-Marty**
hoptincelle.com

**Catherine Chabin**
chabin-coaching.com

**Sixtine Gontier**
sixtinecoaching.com

**Hedwige Labrousse**
cristalide.com

**Marina Ribadeau Dumas**
marinaribadeaudumascoaching.com

**Cécile Solar**
cecilesolar.com


**Génération 15-25** est une association professionnelle de plus de 170 coachs de jeunes, en France et à l'international, certifiés, supervisés et spécialisés dans l'orientation, la confiance en soi, la gestion des émotions et les méthodes d'apprentissage.
generation1525.fr

## 1 conseillère d'orientation membre de l'association des COSI


**Meriem Draman**
Présidente de l'association des COSI
meriemdraman.com


**L'association des conseillers d'orientation scolaire indépendants (COSI)** regroupe 150 professionnels de l'orientation répartis aux quatre coins du monde. Ils offrent des conseils personnalisés aux jeunes et à leurs familles et œuvrent pour garantir une orientation de qualité, en réponse aux défis d'un système éducatif en transformation.
assocosi-orientation.com

hachette

**RÈGLE DU JEU :**

Explore les 4 mondes de ce carnet pour compléter ton **portrait** à la p. 50 et construire ton projet d'orientation.

## Mon portrait

p.49-51

Ton journal de bord !

## MONDE 1

p. 5-16

### Révèle-toi

Découvre ce qui te rend unique

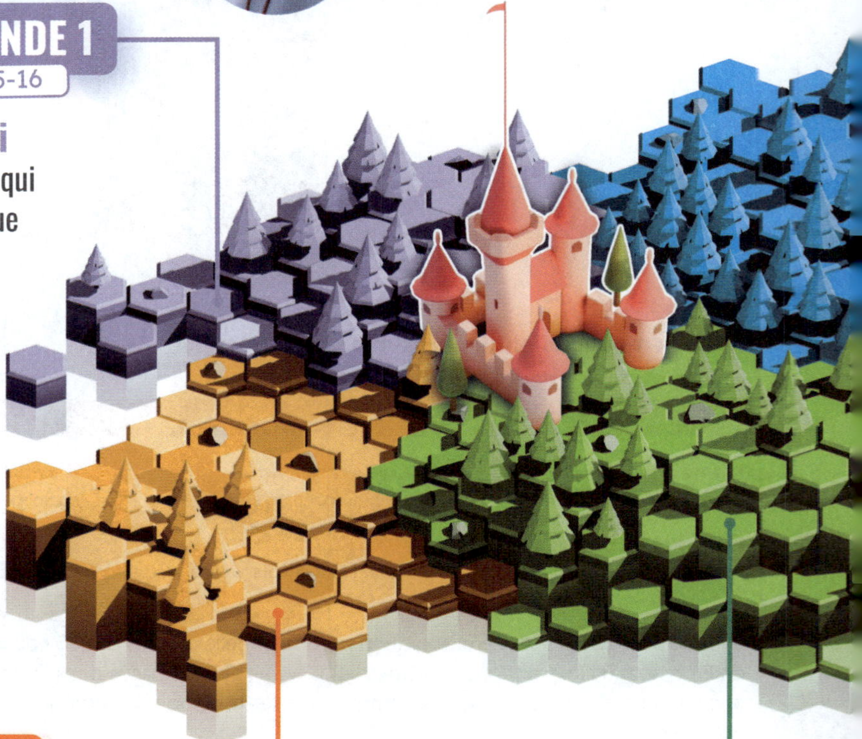

## MONDE 2

p. 17-48

### Il y a forcément un métier pour toi

Parcours les univers professionnels

## MONDE 3

p. 53-80

### Je fais quoi comme études ?

Explore les voies qui s'offrent à toi

# SOMMAIRE



## RESSOURCES NUMÉRIQUES

- Retrouve toutes tes vidéos coaching en flashant les QR Codes ou via ce mini-lien : hachette-clic.fr/ob1torient
- Retrouve toutes les vidéos métiers en flashant les QR Codes ou en te rendant directement sur le site internet de Wilbi : wilbi-app.com

À DÉTACHER !

## Guide parents
(au centre du cahier)

Les 4 points-clés testés par les coachs pour accompagner votre ado

Tu es perdu dans tous les acronymes ? RDV au GLOSSAIRE p. 52 pour y voir plus clair !

Pour des raisons de lisibilité, ce guide est écrit au masculin qui fait valeur de neutre.

Filles ou garçons, nous comptons sur vous pour devenir les maîtres de votre orientation !

**Conception graphique, mise en page et couverture :** Maogani
**Fabrication :** Sandrine Delplace
**Édition :** Elisabeth Sanchez

**Crédits photographiques :**
**Couverture :** Natsumae - stock.adobe.com. Image générée à l'aide de l'IA.
**Intérieur :** Images utilisées sous Licence de Shutterstock.com (p. 6, 8, 10, 12, 14, 17, 18, 20, 22, 24, 26, 28, 30, 32, 34, 36, 38, 40, 42, 44, 46, 53, 60, 62, 63, 81, 87, 88, 91, 94, 96)
Le reste des illustrations de l'ouvrage est utilisé sous Licence de stock.adobe.com.


ISBN : 978-2-01-732029-6
www.parascolaire.hachette-education.com

# Révèle-toi

MONDE 1

MES QUÊTES

## QUÊTE 1

# OSE RÊVER GRAND

À quoi ressemblerait ta vie future ? Le rêve de Kylian Mbappé était de devenir un footballeur reconnu mondialement. Celui de Thomas Pesquet serait d'aller sur la Lune. Hayden Christensen, l'acteur de *Star Wars*, s'est acheté une ferme pour devenir agriculteur… Et toi, **que voudrais-tu faire si tout t'était possible ?**

## UNE VIE RÊVÉE QUÈSACO ?

- Une vie rêvée est une vie où tu réalises tes désirs et tes **aspirations les plus profondes**.
- **Il n'y a pas de bonne ou de mauvaise réponse**, toi seul est capable d'apporter ta propre définition et de choisir les ingrédients pour la créer.
- Tu peux y mettre **tes désirs les plus importants** autant sur le plan personnel que professionnel, social, familial et financier. Chaque projet de vie est unique et dépend des expériences de chacun.
- Mais comment faire pour **te projeter dans 10 ou 15 ans** ? Pas de panique, je t'explique. Pose-toi confortablement dans un endroit tranquille, oublie toutes les contraintes, laisse ton imagination te guider et les idées venir à toi en visionnant la vidéo ci-dessous.

Retrouve ici ta **VIDÉO COACHING !** pour t'aider à te projeter

### IL L'A DIT

**Michael Jordan** a été viré de son équipe de basket-ball au lycée ! Mais il ne s'est jamais laissé abattre : « J'ai raté plus de 9 000 tirs dans ma carrière. J'ai perdu près de 300 matchs. J'ai échoué encore et encore dans ma vie. Et c'est pourquoi je réussis. » **Alors, comme lui, ose !**

# QUIZ !

**Tu es à un tournant important de ta vie, tu vas choisir ton orientation.**
Pour t'aider à y voir plus clair, imagine ta vie rêvée à 30 ans !

**1 Quel est ton lieu de vie idéal ?**

- ☐ Dans la nature : tu aimes les grands espaces et la liberté qu'ils procurent.
- ☐ En plein centre-ville : le monde, l'activité, c'est ça qui te plaît.
- ☐ Près de la mer ou à la montagne : pour faire du bateau ou de l'escalade.
- ☐ À l'étranger : tu veux connaître d'autres cultures.

**2 Comment aimes-tu travailler ?**

- ☐ J'aime diriger, organiser.
- ☐ En équipe et j'aime apporter ma pierre à l'édifice.
- ☐ Chez moi en visioconférence.
- ☐ Seul, j'aime être indépendant et choisir mes propres projets.

**3 Quel est ton lieu de travail idéal ?**

- ☐ Un atelier : tu aimes l'idée de créer ou produire quelque chose.
- ☐ Un espace de coworking : tu travailles dans un espace collaboratif sur tes propres projets.
- ☐ Un bureau ultra-connecté : l'innovation c'est ton dada.
- ☐ Un espace calme et relaxant : une ambiance zen t'aide à mieux te concentrer.
- ☐ Un univers ultra-dynamique avec beaucoup d'interactions : tu adores quand ça bouge.
- ☐ Dehors ! Impossible pour toi de passer ta journée entre 4 murs !

**4 En dehors de ton travail, quelles activités aimes-tu faire ?**

- ☐ Créer, imaginer des contenus, des objets, de bons petits plats...
- ☐ Collaborer à des projets : organiser des week-ends, des événements sportifs, des anniversaires.
- ☐ Apprendre, rechercher : comprendre comment le monde fonctionne !
- ☐ Pratiquer une activité physique ou manuelle : tu as besoin de te ressourcer.

**5 Note les 4 réponses qui éclairent déjà ton futur.** Quels liens éventuels remarques-tu entre elles ?

- ........................................
- ........................................
- ........................................
- ........................................

Complète ton **portrait** p. 50-51

## À TOI DE JOUER

Pour ancrer ta visualisation de ce que serait ta vie à 30 ans, représente-la sous forme de carte mentale, photo, vision board... Cela t'aidera à la conserver en mémoire.

**ÇA T'INTÉRESSE ? PARLES-EN AUTOUR DE TOI**

Demande à tes proches quels étaient leurs rêves quand ils avaient ton âge.

QUÊTE 2

# DIS-MOI QUI TU ES

Imagine que tu sois le jardiner de ta vie. Je t'invite à partir à la découverte de ton jardin intérieur et des multiples plantes qui le constituent : es-tu plutôt bonsaï, cactus, rose, ou nénuphar ?

## DE QUOI EST COMPOSÉ TON JARDIN INTÉRIEUR ?

- Ton jardin est composé de tes **qualités** et de tes **défauts**, c'est-à-dire de tes principaux traits de caractère. Ils font de toi un **être unique** et ils évoluent peu dans le temps à la différence des savoir-faire (*soft skills*) que tu acquiers au fur et à mesure.

  Ex. : tu es dynamique ou curieux : c'est un trait de caractère. Tu sais bien gérer ton temps ou travailler en équipe : ce sont tes *soft skills* qui te permettent de bien interagir et de t'adapter aux situations.

- **Petit rappel :** personne n'est parfait et ce que l'on nomme « défaut » peut parfois révéler de belles qualités. Ou inversement, une qualité à l'excès peut devenir un vrai défaut.

  Ex. : on dit de toi que tu es nonchalant ? Ça paraît être un défaut mais savoir apprécier le moment présent est une qualité très recherchée.

Retrouve ici ta **VIDÉO COACHING !**

### ELLE L'A DIT

**Lady Gaga** est extravagante sur scène, mais en réalité elle cache **une tout autre personnalité**. « J'aime me concentrer sur ma musique. Je suis introvertie et timide, et pas vraiment à l'aise dans le milieu hollywoodien. », explique-t-elle. Toi aussi, tu peux être différent selon que tu es au lycée, au club de sport ou à la maison !

# QUIZ !

**1 Commence par révéler les belles fleurs qui sont en toi : tes qualités.**
Entoure les qualités que tu te reconnais (ou que l'on te reconnaît) et complète la liste.

| aidant | optimiste | fidèle | tolérant | zen |
|---|---|---|---|---|
| aventurier | courageux | sociable | volontaire | drôle |
| ........ | ........ | ........ | ........ | ........ |

**2 Tu as du mal à identifier tes qualités ?** Utilise cet outil, le cadran d'Ofman, qui te permet de les trouver en partant d'un de tes défauts. On t'explique !

**QUALITÉ**

**Étape 4 :** Trouve l'opposé **positif** du défaut trouvé à l'étape 3.

Ex. : être altruiste.

........

........

**DÉFAUT**

**Étape 1 :** Pars d'un de tes défauts

Ex. : ne pas savoir dire « non »

........

........

**Étape 2 :** Trouve l'opposé **positif** de ton défaut.

Ex. : savoir poser les limites

........

........

**Étape 3 :** Trouve l'opposé **négatif** de ton défaut.

Ex. : ne penser qu'à soi, être égoïste

........

........

Tu as compris ? Complète les cadrans suivants sur une feuille à part.

**Complète ton portrait p. 50-51**

## À TOI DE JOUER

Réfléchis à l'adéquation entre tes traits de personnalité et les domaines d'orientation que tu envisages pour trouver des idées pouvant convenir à ton profil.

**ÇA T'INTÉRESSE ? PARLES-EN AUTOUR DE TOI**

Demande à tes proches quels principaux traits de caractère ils te reconnaissent et dans quelles situations ils se manifestent.

QUÊTE 3

# RECONNAIS TES ATOUTS

Imagine ta vie sous la forme d'un élégant bonsaï. Choisir ton orientation après la Terminale, c'est décider de la forme que tu vas lui donner en te laissant guider par tes rêves et en t'appuyant sur tes atouts.

## TES TALENTS

À l'origine, **tes talents naturels** sont les racines solides de ton petit arbre. Ce sont toutes les choses que tu réalises sans effort.

*Ex. : tu es à l'aise avec les chiffres ? doué pour organiser des sorties avec tes amis ? tu écoutes tes proches avec attention ?*

## TES COMPÉTENCES

Elles s'acquièrent avec le **temps** et la **pratique**. Comme la taille d'un bonsaï, tout s'apprend !

*Ex. : au fil des années, tu as développé des capacités à te concentrer, t'organiser. Tu peux maintenant résoudre des problèmes de maths complexes ou analyser un texte de Socrate...*

## TES FORCES

Ce sont les talents ou les compétences que tu aimes cultiver et où tu excelles à force d'entraînement.

*Ex. : tu joues au ballon depuis toujours (talent), tu suis des entraînements (compétences), tu es bon en foot car tu sais et aimes y jouer (force).*

### ELLE L'A DIT

« Embrassez ce qui vous rend unique » disait Aretha Franklin. Au lieu de vouloir rentrer dans un moule, **valorise le meilleur de toi-même.**

### LE SAIS-TU ?

Plus tu prends soin de tes talents, améliores tes compétences et exploites tes forces, plus tu progresses vers ta vie rêvée. Bonus, cela augmente la **confiance en toi.**

Retrouve ici ta **VIDÉO COACHING** pour plus d'explications.

# QUIZ !



**Complète ton bonsaï avec tes principaux talents, forces et compétences.**

Pour t'aider, voici une liste que tu peux compléter :

adresse · générosité · combativité · discrétion · courage · audace · esprit d'équipe · créativité · curiosité · minutie · ouverture d'esprit · motivation · efficacité · ponctualité · gaieté · capacité à s'organiser · sens des responsabilités · polyvalence · détermination · ............ · ............

## TES TALENTS NATURELS

*Ce que tu fais sans effort depuis toujours*

..........................................................................................

..........................................................................................

..........................................................................................

## TES COMPÉTENCES

*Ce que tu as appris avec le temps et la pratique*

..........................................................................................

..........................................................................................

..........................................................................................

## TES FORCES

*Ce que tu sais faire et que tu aimes faire*

..........................................................................................

..........................................................................................

..........................................................................................

**Complète ton portrait p. 50-51**

## À TOI DE JOUER

Maintenant que tu connais tes talents et tes forces, demande-toi sur lesquels tu souhaites t'appuyer pendant tes études, puis dans ta vie professionnelle. Quelles compétences dois-tu continuer à renforcer ? (Pas de stress, les compétences s'acquièrent au fil de la vie...)

**ÇA T'INTÉRESSE ? PARLES-EN AUTOUR DE TOI**

Interroge tes proches sur les talents, les compétences et les forces qu'ils te reconnaissent.

QUÊTE 4

# ACTIVE TON BOOSTER

Théo Curin, nageur handisport, a traversé le lac Titicaca alors qu'il était amputé des quatre membres. Il ne s'est pas laissé abattre par son handicap. Cet athlète n'est pas le seul : d'autres avant lui ont surmonté des défis apparemment insurmontables grâce à une motivation sans faille. Et toi ? Pour quoi serais-tu prêt à tout donner ?

## POUR QUOI ES-TU PRÊT À TE BOUGER ?

- Pour bien choisir ta voie et accomplir ce que tu as envie de faire, il est essentiel que ta motivation soit au taquet.
- **C'est quoi la motivation ?** C'est le **moteur** qui te pousse à agir. Son **carburant** ? Tes **centres d'intérêt**, c'est-à-dire les activités et les domaines qui t'intéressent, bref les choses que tu aimes faire, que ce soit au lycée ou en dehors. Ils te sont propres et évoluent au fil du temps. Selon leur nature, tu vas ressentir plus ou moins de plaisir et **trouver du sens à ce que tu fais**.
- Ta motivation t'aide à te donner les moyens d'atteindre tes **objectifs**. Un exemple : tu es passionné de théâtre, mais le club où tu le pratiques est loin de chez toi. Tu es tellement motivé, que tu es prêt à passer du temps dans les transports pour aller aux répétitions.

Retrouve ici ta **VIDÉO COACHING !**

### LE SAIS-TU ?

Tu peux avoir le même centre d'intérêt que ton ami mais pour des raisons différentes. Par exemple, vous aimez tous les deux la biologie : toi pour des raisons personnelles car tu veux faire de la recherche (**motivation intrinsèque**, qui vient de l'intérieur). Lui pour faire plaisir à ses parents qui travaillent dans le domaine pharmaceutique et se sentir reconnu (**motivation extrinsèque**, qui vient de l'extérieur).

# QUIZ !

**Pour avoir une motivation au top, complète les cases en identifiant :**
- tes centres d'intérêt (domaines, activités) ;
- ton degré de motivation pour chacun d'entre eux ;
- la source de ta motivation (*cf.* LE SAIS-TU ? p. 12) et ses raisons profondes.

**Centre d'intérêt**

..................................................

**Ton degré de motivation**

1 | 2 | 3 | 4 | 5 | 6 | 7 | 8 | 9 | 10

**La source de ta motivation**

- ☐ Intrinsèque (de l'intérieur)
- ☐ Extrinsèque (de l'extérieur)

**Ses raisons profondes**

*Ex. : pression ou reconnaissance de ton entourage (motivation extrinsèque), parce que l'activité ou le sujet t'intéresse particulièrement, ou bien encore par l'envie de te dépasser (motivation intrinsèque).*

..................................................

..................................................

Il est intéressant de savoir ce qu'il y a derrière tes centres d'intérêt de façon à favoriser ceux qui sont portés par tes motivations internes.

Complète ton **portrait** p. 50-51

**Centre d'intérêt**

..................................................

**Ton degré de motivation**

1 | 2 | 3 | 4 | 5 | 6 | 7 | 8 | 9 | 10

**La source de ta motivation**

- ☐ Intrinsèque (de l'intérieur)
- ☐ Extrinsèque (de l'extérieur)

**Ses raisons profondes**

..................................................

..................................................

**Centre d'intérêt**

..................................................

**Ton degré de motivation**

1 | 2 | 3 | 4 | 5 | 6 | 7 | 8 | 9 | 10

**La source de ta motivation**

- ☐ Intrinsèque (de l'intérieur)
- ☐ Extrinsèque (de l'extérieur)

**Ses raisons profondes**

..................................................

..................................................

## À TOI DE JOUER

Maintenant que tu as identifié les centres d'intérêt qui te motivent le plus, fais le même exercice avec les métiers ou secteurs qui t'attirent. Ta motivation vient-elle plutôt de toi ou des autres ?

**ÇA T'INTÉRESSE ? PARLES-EN AUTOUR DE TOI**

Comment tes proches perçoivent-ils tes centres d'intérêt ? ta motivation ?

## QUÊTE 5

# SOIS EN ACCORD AVEC TOI-MÊME

Pour être plus au clair sur la façon dont tu veux mener ta vie, tu as besoin de connaître les valeurs sur lesquelles tu peux t'appuyer pour avancer sereinement.

## C'EST QUOI UNE VALEUR ?

- En entendant valeur, tu penses peut-être aux valeurs boursières ou à la valeur financière accordée à un produit ou service. Tout faux ! Ici, il ne s'agit pas de monnaie mais **de principes moraux qui guident tes choix** et tes actions. Sans eux, tu ne peux pas t'épanouir et tu risquerais même de t'étioler.

  ***Ex. : tu es attaché à la liberté ? Ton désir fort d'autonomie te poussera peut-être à partir à la découverte d'environnements inconnus, ou à vivre de nouvelles expériences.***

- Vivre et agir en cohérence avec tes valeurs te permet de donner un **sens** à tes choix, de conforter tes décisions et d'améliorer ton estime et ta **confiance en toi**. À l'inverse, le non-respect de celles-ci peut te rendre malheureux et te démotiver.
- Au fil de tes expériences, tu vas réévaluer certaines des valeurs qui t'ont été transmises et en acquérir de nouvelles.

▶ La connaissance de ces valeurs te sera très utile pour faire tes choix d'orientation et valider ton cursus scolaire.

Retrouve ici ta **VIDÉO COACHING !**

### LE SAIS-TU ?

Pour savoir si tes valeurs sont respectées lors d'une situation en particulier, écoute le **ressenti** au fond de toi (ce que l'on appelle communément une « émotion »). Si ton ressenti est agréable, il y a une forte chance que ce que tu vis soit **en adéquation avec tes valeurs**. À l'inverse, si tu te sens contrarié, pose-toi des questions.

# QUIZ !

**1** Entoure dans la liste ci-dessous 10 valeurs qui comptent vraiment pour toi (celles qui te sont vraiment personnelles, et non celles imposées par la société).

| | | | |
|---|---|---|---|
| Authenticité | Sécurité | Patience | Éthique |
| Discipline | Tolérance | Partage | Sagesse |
| Rigueur | Liberté | Persévérance | Solidarité |
| Famille | Écoute | Beauté | Apprentissage |
| Transparence | Générosité | Prospérité | Éducation |
| Honnêteté | Empathie | Qualité de vie | Égalité |
| Humilité | Justice | Excellence | Flexibilité |

**2** Parmi ces 10 valeurs, sélectionne les 5 plus importantes et classe-les dans l'ordre de tes priorités. Vérifie ensuite que le projet professionnel que tu envisages est bien en accord avec elles.

| Valeur | Que faire pour vivre cette valeur dans ma vie professionnelle ? |
|---|---|
| Ex. : Sécurité | *Avoir la sécurité de l'emploi : viser la fonction publique (monter son entreprise pourrait être considéré comme contraire à cette valeur)* |
| 1. | |
| 2. | |
| 3. | |
| 4. | |
| 5. | |

Tes valeurs peuvent être parfois contradictoires et t'amener à faire des choix difficiles. Le tout est que tu les fasses en conscience.

Complète ton **portrait** p. 50-51

**ÇA T'INTÉRESSE ? PARLES-EN AUTOUR DE TOI**

Demande à tes parents quelles sont leurs valeurs et comment ils les vivent.

QUÊTE 6

# VA AU-DELÀ DE TES LIMITES

- Comme tout le monde, il peut t'arriver d'avoir des pensées (croyances) qui freinent **l'expression de tes potentiels**. Tu te dis que tu n'es pas capable, pas compétent, pas légitime, pas...
- **Résultat :** ces **croyances** peuvent être **limitantes** pour ton évolution et l'atteinte de tes objectifs. Parfois, elles t'empêchent d'oser avancer et de rêver grand. Plus elles sont présentes, plus tu cherches à les valider, te poussant même inconsciemment à agir contre tes intérêts pour les renforcer.

**Ton but :** pour stopper ce processus, identifie tes principales croyances limitantes et transforme-les en **croyances positives**. Elles deviendront alors facilitantes pour toi. Penses-y pour ton orientation !

## QUIZ !

**1 Note 4 croyances bloquantes pour toi et les situations où elles se manifestent.**

Ex. : « *Laisse tomber, tu ne seras pas pris dans cette école.* »

- ........................................
- ........................................
- ........................................
- ........................................

**2 Imagine que ces croyances aient disparu. Qu'est-ce que tu te dis alors ? Que t'autorises-tu à faire ? Quels seraient les résultats obtenus ?**

Ex. : « *Je suis bon en...* », « *Je suis à l'aise à l'oral* », « *Je pense que je vais réussir mon Bac avec mention* ».

- ........................................
- ........................................
- ........................................
- ........................................
- ........................................

**3 Liste toutes les situations où tu as réussi à faire taire, même partiellement, les croyances qui te freinent.**

- ........................................
- ........................................
- ........................................
- ........................................
- ........................................
- ........................................
- ........................................

Retrouve ici ta **VIDÉO COACHING !**

Complète ton portrait p. 50-51

# Il y a forcément un métier pour toi

MONDE 2

MES QUÊTES

QUÊTE 1

# INGÉNIERIE ET INDUSTRIE

## TRANSPORT ET LOGISTIQUE

Tu as l'esprit scientifique et tu aimes résoudre des problèmes complexes ? Tu voudrais participer à des projets captivants dans des secteurs variés comme l'énergie, les transports ou la haute technologie ? L'innovation t'intéresse ? Alors bienvenue dans le domaine de l'ingénierie et de l'industrie. Tu y trouveras des opportunités uniques pour développer ton esprit analytique et ta créativité.

**Ton but :** concevoir des solutions techniques, optimiser des processus et développer des technologies qui révolutionnent notre quotidien.

### CHIFFRES-CLÉS

**93,1 % :** taux d'insertion des diplômés des grandes écoles d'ingénieur à moins de 6 mois

**Plus de 100 000** étudiants dans les écoles d'ingénieur

**3,2 millions** de salariés et 301 000 entreprises dans l'industrie en 2022

**1,4 million** de salariés dans les transports

Sources : cge.asso, enseignementsup-recherche.gouv.fr, INSEE

## QUELS MÉTIERS ?

ingénieur aéronautique • ingénieur génie mécanique • ingénieur en génie industriel • ingénieur robotique • ingénieur BTP et génie civil • ingénieur informatique • ingénieur en IA • ingénieur en cybersécurité • ingénieur environnement • ingénieur en biotechnologies • ingénieur agronome • ingénieur chimiste • ingénieur d'affaires • ingénieur dans la police scientifique • technicien en maintenance industrielle • ingénieur matériaux soudure • mécanicien véhicules industriels • ingénieur en risk management • logisticien projet • ingénieur logistique

### DÉCOUVRE DES MÉTIERS DE LA FILIÈRE AVEC WILBI

*Toutes les réponses à tes questions en vidéo !*

*Louise*
**INGÉNIEURE D'ÉTUDES**

*Gautier*
**INGÉNIEUR EN IMAGERIE MÉDICALE**

*Mathieu*
**INGÉNIEUR SYSTÈME**

wilbi

# QUIZ !

**Suis-je fait pour le secteur de l'ingénierie ?**
Plus tu coches de cases, plus ce secteur pourrait te convenir.
⚡ = important pour ce secteur.

## 1 Mes qualités
**Qui suis-je ?**

- ☐ Je suis rigoureux, méthodique, organisé ⚡
- ☐ Je suis cartésien, analytique, rationnel ⚡
- ☐ Je suis autonome dans mon travail, mes révisions ⚡
- ☐ Je suis patient, je peux rester concentré longtemps sans me lasser ⚡
- ☐ J'aime planifier, anticiper
- ☐ J'aime prendre des initiatives, décider, diriger, superviser

## 2 Mes compétences
**Qu'est-ce que je sais faire ?**

- ☐ Je suis bon en maths et en sciences (sciences physiques, SVT, NSI) ⚡
- ☐ J'ai choisi des spécialités scientifiques (si je suis en lycée général) ou les séries STI2D, STL ou STAV (si je suis en lycée technologique) ⚡
- ☐ Je raisonne bien, j'ai des facilités pour manipuler des concepts abstraits, théoriques ⚡
- ☐ Je suis à l'aise pour résoudre des problèmes, comprendre le fonctionnement des objets, des phénomènes ⚡
- ☐ Je sais manipuler des appareils techniques, réaliser des expériences avec soin
- ☐ Je maîtrise des langues étrangères
- ☐ Je dispose d'une bonne culture générale
- ☐ Je suis motivé par les enjeux sociétaux (changement climatique, développement durable, énergies propres, transports verts, etc.)

## 3 Mes centres d'intérêt professionnels
**Qu'est-ce que j'aimerais faire ?**

- ☐ J'aimerais créer des produits innovants ⚡
- ☐ J'aimerais inventer les technologies du futur ⚡
- ☐ J'aimerais inventer les aliments du futur
- ☐ J'aimerais faire progresser la recherche médicale
- ☐ J'aimerais développer de nouvelles énergies plus respectueuses de notre environnement
- ☐ J'aimerais m'occuper des réseaux et systèmes informatiques

Pour **PLUS D'INFOS** sur ce secteur, c'est par ici !

Consulte aussi les formations p. 64

.......... / 20

Intéressé ? Complète ton portrait p. 50-51

## QUÊTE 2

# MÉDICAL, PARAMÉDICAL, SOCIAL ET BIEN-ÊTRE

Envie de soigner et sauver des vies ? de jouer un rôle essentiel dans le soin quotidien des patients ? d'accompagner et soutenir des personnes en difficulté, en situation de handicap ou précaires ? Si tu cherches un métier passionnant qui te permet de vraiment changer la vie des gens ou de l'améliorer, alors le secteur médical, paramédical et social est fait pour toi.

**Ton but :** prendre soin de l'autre et contribuer à sa santé et à son bien-être en exerçant un métier où l'impact est direct et positif.

## QUELS MÉTIERS ?

médecin généraliste • infirmier • pharmacien • assistant social • aide-soignant • sage-femme • médiateur familial • kinésithérapeute • directeur d'hôpital • psychologue • esthéticienne • audioprothésiste • orthoptiste • pédiatre • brancardier • psychomotricien • prothésiste dentaire • diététicien • ergothérapeute • ostéopathe • technicien d'analyses biomédicales • accompagnant éducatif et social • assistant maternel • animateur périscolaire • auxiliaire de puériculture • éducateur familial • pédicure-podologue • dentiste

### CHIFFRES-CLÉS

**En 2022-23**

Environ **313,6 milliards d'euros** de dépenses totales de santé

**230 200** médecins en activité (dont **47 %** de femmes), **99 500** généralistes et **130 700** spécialistes

Près de **740 000** infirmiers et **73 400** pharmaciens

Près de **1,3 million** de personnes travaillent dans le secteur social (dont **80 % à 85 %** de femmes)

Sources : Drees, INSEE

### DÉCOUVRE DES MÉTIERS DE LA FILIÈRE AVEC WILBI

*Toutes les réponses à tes questions en vidéo !*

*Inès*

**CHIRURGIENNE-DENTISTE**

*Dimitri*

**ÉDUCATEUR SPÉCIALISÉ**

*Julien*

**PÉDICURE-PODOLOGUE**

wilbi

# QUIZ !

**Suis-je fait pour ce secteur ?**
Plus tu coches de cases, plus ce secteur pourrait te convenir.
⚡ = important pour ce secteur.

## 1 Mes qualités
**Qui suis-je ?**

- ☐ Je suis altruiste, sociable et sensible aux problèmes sociaux et humains : on dit de moi que j'ai des qualités d'écoute ⚡
- ☐ Je suis passionné par la médecine, le corps humain, la psychologie, l'Humain avec un grand H ⚡
- ☐ J'ai une mémoire d'éléphant, et l'anatomie du corps humain n'a pas de secret pour moi ⚡
- ☐ Je suis calme, empathique et j'ai un bon sens de l'observation : comprendre et rassurer mes proches fait partie de ma nature ⚡
- ☐ Je suis résistant physiquement, mentalement : je gère bien mes émotions et sais garder mon sang-froid en toutes circonstances ⚡
- ☐ Je suis curieux d'apprendre et curieux des gens qui m'entourent

## 2 Mes compétences
**Qu'est-ce que je sais faire ?**

- ☐ Je suis bon dans les matières scientifiques (sciences physiques, SVT, maths) ⚡
- ☐ Si c'est le secteur médical qui m'intéresse, j'ai choisi des spécialités scientifiques ⚡
- ☐ Je suis habile de mes mains, tactile, précis dans mes gestes et j'aime les travaux pratiques et manuels ⚡
- ☐ Je sais écouter sans juger
- ☐ Je sais utiliser du matériel technique, des outils informatiques

## 3 Mes centres d'intérêt professionnels
**Qu'est-ce que j'aimerais faire ?**

- ☐ Je recherche un métier où je vais pouvoir être utile aux autres, les soigner, les aider, les conseiller, les accompagner ⚡
- ☐ J'aimerais travailler en équipe, échanger avec mes pairs ⚡
- ☐ Exercer un métier intense, avec des horaires décalés, où l'on ne voit pas le temps passer ne me fait pas peur ⚡
- ☐ J'aimerais travailler à mon compte ou bien dans un établissement
- ☐ Je recherche un métier dans un secteur où il y a de la demande, un réel besoin et où je n'aurai pas de problème pour trouver un emploi

Pour **PLUS D'INFOS** sur ce secteur, c'est par ici !

Consulte aussi les formations p. 66

.......... / 16

Intéressé ? Complète ton portrait p. 50-51

QUÊTE 3

# ENVIRONNEMENT, AGRICULTURE ET DÉVELOPPEMENT DURABLE

Tu es passionné par la nature et l'écologie ? Tu t'inquiètes du réchauffement climatique et de ses conséquences sur la planète ? Comme Greta Thunberg, tu rêves de contribuer à un avenir plus durable ? Si tu veux agir pour l'environnement, engage-toi dans le domaine du développement durable. Tu prendras part à des projets qui protègent notre planète, favorisent une agriculture respectueuse de la nature et construisent un monde plus vert.

**Ton but :** apprendre à innover face aux défis écologiques et proposer des solutions concrètes pour un futur meilleur.

## CHIFFRES-CLÉS

En 2021, les activités de **l'économie verte** (dont 31 % dédiés à la protection de l'environnement) mobilisent près de **1,2 million d'emplois**, soit 4,2 % de l'emploi total national

Avec **52 % de surface agricole** et plus de 416 000 exploitations en activité, la France est l'un des plus grands pays agricoles d'Europe

Sources : statistiques.developpement-durable.gouv.fr, Agreste - Statistique agricole annuelle, chambres-agriculture.fr

## QUELS MÉTIERS ?

ingénieur environnement • responsable développement durable • ingénieur éco-conception • géologue • technicien forestier • technicien hygiène, sécurité, environnement • technicien génie climatique itinérant • jardinier paysagiste • agent de stockage des déchets • conseiller grandes cultures • vétérinaire • assistant vétérinaire • agent d'élevage • vigneron • agriculteur • technicien de maintenance éolien • responsable RSE • consultant en bilan carbone

## DÉCOUVRE DES MÉTIERS DE LA FILIÈRE AVEC WILBI

*Toutes les réponses à tes questions en vidéo !*

*Juan*
**CONSEILLER VITICOLE**

*Guillaume*
**VÉTÉRINAIRE**

*Augustin*
**INGÉNIEUR EFFICACITÉ ÉNERGÉTIQUE**

wilbi

# QUIZ !

**Suis-je fait pour ce secteur ?**
Plus tu coches de cases, plus ce secteur pourrait te convenir.
⚡ = important pour ce secteur.

## 1 Mes qualités
**Qui suis-je ?**

- ☐ J'adore la nature, le monde vivant, les animaux ⚡
- ☐ Je suis préoccupé par les questions environnementales et le changement climatique ⚡
- ☐ J'admire les personnes qui s'engagent pour la préservation de la planète ou des espèces ⚡
- ☐ J'ai un bon sens de l'observation, de l'analyse et des responsabilités ⚡
- ☐ Je suis créatif, curieux et force de proposition pour chercher et trouver des solutions
- ☐ Je m'adapte facilement aux changements et suis particulièrement réactif
- ☐ Je suis plutôt pédagogue et convaincant

## 2 Mes compétences
**Qu'est-ce que je sais faire ?**

- ☐ Je suis très bon en sciences de la vie et de la terre ⚡
- ☐ J'aime manipuler, faire des analyses, des expériences au laboratoire ⚡
- ☐ Je sais reconnaître de nombreuses espèces animales, végétales et minérales ⚡
- ☐ Je suis à l'aise avec les outils informatiques, les logiciels de base et le numérique
- ☐ Je communique facilement et je m'exprime clairement, à l'oral comme à l'écrit
- ☐ Je suis dans un lycée agricole

## 3 Mes centres d'intérêt professionnels
**Qu'est-ce que j'aimerais faire ?**

- ☐ Les sujets environnementaux me passionnent et je veux participer à la transition énergétique ⚡
- ☐ Je veux protéger la nature, les animaux, aider à la préservation de la biodiversité ⚡
- ☐ Je veux combattre les pollutions, réduire leur impact sur notre planète ⚡
- ☐ Je veux exercer un métier mixant bureau et terrain, passer du temps en extérieur ⚡
- ☐ Je veux faire changer les habitudes en entreprise, faire adopter des gestes éco-responsables
- ☐ Je suis attiré par les métiers de l'agriculture (élevage, production céréalière...)

Pour **PLUS D'INFOS** sur ce secteur, c'est par ici !

Consulte aussi les formations p. 67

Intéressé ? Complète ton portrait p. 50-51

.......... / 19

QUÊTE 4

# COMMERCE, VENTE ET MARKETING

Tu as la **fibre commerciale**, un talent pour le contact humain, la persuasion et la stratégie ? Si tu veux un métier axé sur la **vente** de produits ou de services, le secteur du commerce et de la vente pourrait te convenir. Dans ce domaine **dynamique**, tu pourras évoluer rapidement, avec des opportunités variées et une reconnaissance directe de ton travail. Choisis cette voie pour une carrière enrichissante où tes compétences seront mises en valeur chaque jour.

**Ton but :** négocier, cerner les besoins des clients, et créer des stratégies pour augmenter les ventes.

## QUELS MÉTIERS ?

agent commercial • animateur de vente • assistant de chef de rayon • chef de rayon • chargé d'affaires en entreprise • chargé d'affaires en export • chargé de clientèle • attaché commercial • responsable de développement commercial • responsable de magasin • hôte de caisse • visual marchandiseur • chef de produit • chef de projet marketing • chargé d'études marketing • directeur commercial • responsable marketing • directeur marketing • acheteur

### CHIFFRES-CLÉS

Le secteur du commerce rassemble **3 401 800** salariés et **725 952** entreprises (2022)

**Après une grande école de commerce :** le taux net d'emploi est de **87,7 %** à moins de 6 mois après l'obtention du diplôme (2023)

Source : INSEE, Enquête d'insertion de la CGE

### DÉCOUVRE DES MÉTIERS DE LA FILIÈRE AVEC WILBI

*Toutes les réponses à tes questions en vidéo !*

*Marine*
ACHETEUSE

DIRECTEUR COMMERCIAL

*Anaïs*
CHEFFE DE PRODUIT MARKETING

wilbi

# QUIZ !

**Suis-je fait pour ce secteur ?**
Plus tu coches de cases, plus ce secteur pourrait te convenir.
⚡ = important pour ce secteur.

## 1 Mes qualités

**Qui suis-je ?**

- ☐ Je suis dynamique, j'aime négocier, argumenter, convaincre ⚡
- ☐ Je suis sociable, d'un abord sympathique et doté d'un certain leadership ⚡
- ☐ Je suis passionné par le relationnel, la vente et j'ai le sens des affaires ⚡
- ☐ Je suis persévérant, et j'aime me dépasser, me challenger ⚡
- ☐ Je suis sensible au packaging et à la présentation des produits en magasin
- ☐ Je suis à l'aise dans le travail en équipe

## 2 Mes compétences

**Qu'est-ce que je sais faire ?**

- ☐ Je suis à l'aise avec les chiffres ⚡
- ☐ J'ai des connaissances de base en économie et en gestion : je sais ce que sont les tendances économiques, les dynamiques du marché et les facteurs qui influencent les affaires ⚡
- ☐ Je suis en STMG (si je suis en filière techno) ou j'ai choisi les spécialités maths et/ou SES (si je suis en filière générale) ⚡
- ☐ Les outils informatiques et les logiciels de base ne me font pas peur
- ☐ Je communique facilement avec les autres, je suis capable de m'exprimer clairement, d'écouter attentivement et de comprendre les besoins des personnes
- ☐ Je maîtrise une langue étrangère

## 3 Mes centres d'intérêt professionnels

**Qu'est-ce que j'aimerais faire ?**

- ☐ J'aimerais innover, développer de nouveaux produits et services, créer une entreprise ou entreprendre ⚡
- ☐ Le service client est une thématique qui me parle, et j'aimerais développer mes compétences en gestion de la relation client ⚡
- ☐ Je recherche un métier axé sur le relationnel, la vente de produits et/ou de services, la persuasion, et la négociation avec les clients ⚡
- ☐ Je recherche un métier dans un secteur porteur avec des opportunités de carrière

Pour **PLUS D'INFOS** sur ce secteur, c'est par ici !

Consulte aussi les formations **p. 68**

**Intéressé ? Complète ton portrait p. 50-51**

.......... / 16

## QUÊTE 5

# BANQUE, FINANCE ET ASSURANCES

Tu aimes les chiffres, la stratégie et le contact avec les clients ? Tu voudrais gérer des risques, analyser des marchés, conseiller des clients pour optimiser leur argent, ou aider au pilotage des entreprises ? Alors bienvenue dans le secteur de la banque, de la finance et des assurances. Ce domaine, en pleine transformation avec la digitalisation et l'essor des *fintechs* (les nouvelles technologies utilisées pour améliorer les services financiers), crée de nouvelles opportunités d'emploi passionnantes.

**Ton but :** soutenir la croissance économique en aidant les personnes ou les entreprises à mieux gérer leurs finances tout en les protégeant contre les imprévus.

### CHIFFRES-CLÉS

Le secteur bancaire emploie **355 100 salariés** fin 2023, celui de l'Assurance **162 669**

1 recruté sur 2 dans le secteur bancaire a **moins de 30 ans**

**6 grands groupes** dominent le marché bancaire : BNP Paribas, BPCE, Crédit Agricole, Crédit Mutuel, Société Générale, Banque postale

Sources : fbf.fr, afb.fr

## QUELS MÉTIERS ?

expert-comptable • comptable • auditeur • actuaire • banquier • trader • analyste financier • conseiller en assurance • conseiller bancaire particulier • contrôleur de gestion • agent général d'assurance • gestionnaire comptable • courtier en banque • conseiller en gestion de patrimoine • directeur administratif et financier • directeur comptable

### DÉCOUVRE DES MÉTIERS DE LA FILIÈRE AVEC WILBI

Toutes les réponses à tes questions en vidéo !

wilbi

Nina
AUDITRICE LÉGALE

Steeve
EXPERT-COMPTABLE

Margot
CONSEILLÈRE EN ASSURANCE

# QUIZ !

**Suis-je fait pour ce secteur ?**
Plus tu coches de cases, plus ce secteur pourrait te convenir.
⚡ = important pour ce secteur.

## 1 Mes qualités
**Qui suis-je ?**

- ☐ Je suis rigoureux, analytique, rationnel et j'aime résoudre des problèmes complexes ⚡
- ☐ Je suis une personne intègre, patiente et avec un bon sens de l'écoute
- ☐ Je m'adapte facilement aux changements
- ☐ Je suis à l'aise dans le travail en équipe
- ☐ J'aime prendre des initiatives, décider, diriger, superviser

## 2 Mes compétences
**Qu'est-ce que je sais faire ?**

- ☐ Je suis bon (doué) en maths, en statistiques ⚡
- ☐ Je suis à l'aise avec les chiffres et très fort en calcul ⚡
- ☐ J'ai choisi les spécialités SES, maths (si je suis en filière générale), ou je suis en STMG (si je suis en filière techno) ⚡
- ☐ Je connais les principes de base de l'économie, comme l'offre et la demande, l'inflation, les taux d'intérêt, le PIB ⚡
- ☐ Je m'y connais en informatique : les logiciels de base (excel) et le numérique n'ont pas de secret pour moi
- ☐ Je m'exprime clairement, à l'oral comme à l'écrit

## 3 Mes centres d'intérêt professionnels
**Qu'est-ce que j'aimerais faire ?**

- ☐ L'économie m'intéresse, j'aime suivre les tendances économiques mondiales ⚡
- ☐ J'ai un vif intérêt pour le fonctionnement des marchés boursiers, les investissements et l'optimisation financière : j'ai déjà réfléchi à la manière dont je gérerai mon argent dès que je serai autonome ⚡
- ☐ Je suis curieux des innovations technologiques dans le secteur financier, telles que les cryptomonnaies, la blockchain et les plateformes de trading en ligne ⚡
- ☐ Je recherche un métier axé sur le service client, la communication et j'ai envie d'accompagner les entreprises et les particuliers dans la gestion de leurs finances
- ☐ Je recherche un métier où je peux bien gagner ma vie et grimper les échelons

Pour **PLUS D'INFOS** sur ce secteur, c'est par ici !

Consulte aussi les formations p. 69

.......... / 16

Intéressé ? Complète ton **portrait** p. 50-51

# QUÊTE 6
# INFORMATION ET COMMUNICATION

Tu es curieux, créatif et passionné par les médias et les nouvelles technologies ? Tu aimerais créer, diffuser et gérer des contenus qui captivent et informent le public ? Tu cherches à développer tes compétences en communication, journalisme, marketing digital… ? Si tu veux une carrière dynamique où chaque jour est différent, le secteur de l'information et de la communication te permettra de t'épanouir tout en façonnant l'opinion et la société.

**Ton but :** délivrer un message de la façon la plus claire possible dans un environnement en constante évolution.

## QUELS MÉTIERS ?

journaliste • attaché de presse • responsable de la communication • chargé de projet évènementiel • graphiste • community manager • écrivain • directeur éditorial • libraire • vidéaste • concepteur-rédacteur • responsable partenariats • archiviste • média planneur • rédacteur web • publicitaire • chef de produit marketing • illustrateur • chef de produit en communication digitale

### CHIFFRES-CLÉS

En 2023, environ **53 millions** de Français (soit plus de 80 % de la population) utilisaient les réseaux sociaux

En 2023, les Français passent en moyenne **2 h 24 par jour** à surfer sur Internet.

**69 %** des Français visitent chaque mois des sites d'actualité.

Source : Médiamétrie

### DÉCOUVRE DES MÉTIERS DE LA FILIÈRE AVEC WILBI

*Toutes les réponses à tes questions en vidéo !*

Florie
JOURNALISTE

Sandra
ATTACHÉE DE PRESSE

Manon
RÉDACTRICE WEB

wilbi

# QUIZ !

**Suis-je fait pour ce secteur ?**
Plus tu coches de cases, plus ce secteur pourrait te convenir.
⚡ = important pour ce secteur.

## 1 Mes qualités
**Qui suis-je ?**

- ☐ Je suis créatif et j'ai beaucoup d'imagination ⚡
- ☐ Je suis passionné par les livres, le monde des médias et j'aime suivre l'actualité ⚡
- ☐ Je m'intéresse aux réseaux sociaux et au web, je compare les stratégies des marques et des influenceurs sur Instagram ⚡
- ☐ J'ai un bon sens du contact et j'aime organiser des évènements ⚡
- ☐ J'ai une bonne sensibilité graphique et visuelle et je suis sensible aux logos, slogans, flyers, teasers, etc.

## 2 Mes compétences
**Qu'est-ce que je sais faire ?**

- ☐ Je suis bon en français et dans les matières littéraires (histoire, LLCE, langues). On me dit que « j'ai une belle plume » : j'ai même participé au journal du lycée ⚡
- ☐ Je sais rechercher des informations, analyser des textes, des données, les synthétiser, organiser mes idées, rédiger, argumenter ⚡
- ☐ Je communique facilement avec les autres, j'aime prendre la parole, j'ai une bonne capacité d'écoute et d'échange ⚡
- ☐ Je suis à l'aise avec les logiciels et les outils graphiques
- ☐ J'ai une bonne expression écrite et orale en anglais

## 3 Mes centres d'intérêt professionnels
**Qu'est-ce que j'aimerais faire ?**

- ☐ Les secteurs des médias, du journalisme, et de la communication m'attirent et je veux évoluer dans ce domaine ⚡
- ☐ J'aime écrire, inventer des histoires, je recherche un métier basé sur l'écriture ⚡
- ☐ Je recherche un métier où je vais pouvoir informer les gens, les fédérer autour d'un évènement ⚡
- ☐ Je recherche un métier avec du relationnel, je veux rencontrer des gens, interagir avec les autres ⚡
- ☐ J'aimerais exercer un métier avec un mix de bureau/terrain
- ☐ Je recherche un métier passion, qui me fasse vibrer

Pour **PLUS D'INFOS** sur ce secteur, c'est par ici !

Consulte aussi les formations p. 70

.......... / 16

Intéressé ? Complète ton portrait p. 50-51

## QUÊTE 7

# NUMÉRIQUE ET INFORMATIQUE

Tu es un fan de **technologie** et tu rêves de façonner le monde grâce à elle ? Tu veux résoudre des problèmes, protéger des données ou créer des outils qui simplifient la vie ? Tu aimerais faire partie d'un secteur en constante évolution ? Alors bienvenue dans le numérique et l'informatique. Quel que soit ton domaine de prédilection (**programmation**, **cybersécurité**, **intelligence artificielle**, réseaux, etc.), ce secteur te permettra de développer des compétences techniques recherchées tout en travaillant sur des **projets innovants**.

**Ton but :** créer, connecter et rendre la technologie accessible à tous.

## QUELS MÉTIERS ?

data scientist • data analyst • expert en cybersécurité • webdesigner • game designer • développeur • chef de projet numérique • designer UX-UI • technicien multimédia • architecte big data • responsable de projet informatique • technicien réseaux et télécoms • chef de projet IA • ingénieur informatique • directeur des services informatiques

### CHIFFRES-CLÉS

**4,5 %** du PIB national pour ce secteur avec 65 milliards d'euros de CA en 2023 (+ 6,3 % sur 1 an)

**2 millions** d'emplois dans le secteur dont 900 000 personnes dans le conseil

Plus de **10 000** start-up numériques, qui bénéficient d'un écosystème favorable (incubateurs, accélérateurs, financements, etc.) dont **500** spécialisées dans l'IA

**55 000 €** salaire annuel d'un ingénieur DevOps en début de carrière

Sources : INSEE, French Tech, Numeum, Guide des salaires en France

### DÉCOUVRE DES MÉTIERS DE LA FILIÈRE AVEC WILBI

*Toutes les réponses à tes questions en vidéo !*

*Ségolène*
**DATA SCIENTIST**

*Nicolas*
**EXPERT EN CYBERSÉCURITÉ**

*Elisabeth*
**RESPONSABLE DE PROJETS EN INFORMATIQUE**

wilbi

# QUIZ !

**Suis-je fait pour ce secteur ?**
Plus tu coches de cases, plus ce secteur pourrait te convenir.
⚡ = important pour ce secteur.

## 1 Mes qualités

**Qui suis-je ?**

- ☐ Je suis curieux, doté d'un esprit logique, d'analyse et de synthèse ⚡
- ☐ Je suis un geek à mes heures perdues ⚡
- ☐ Je suis patient, persévérant et j'aime résoudre des casse-tête ⚡
- ☐ Je m'adapte facilement aux changements
- ☐ Je suis très organisé et méthodique
- ☐ Je suis à l'aise dans les travaux de groupe, j'aime fédérer et mobiliser mes camarades sur nos projets
- ☐ Je suis fan de jeux vidéo

## 2 Mes compétences

**Qu'est-ce que je sais faire ?**

- ☐ Je suis bon en informatique et j'ai choisi les spés maths et NSI ou la série STI2D ⚡
- ☐ Je maîtrise quelques langages de programmation (Python, HTML, Java et C#) ⚡
- ☐ Je sais démonter, réparer des appareils électroniques, reconnaître tous les câbles, effectuer les branchements opportuns en toute sécurité ⚡
- ☐ Je suis à l'aise avec les outils informatiques, les logiciels de base (suite Adobe) et le numérique
- ☐ Je m'exprime bien en anglais, à l'écrit et à l'oral
- ☐ J'utilise chatGPT au quotidien

## 3 Mes centres d'intérêt professionnels

**Qu'est-ce que j'aimerais faire ?**

- ☐ L'IA, l'informatique et les nouvelles technologies me passionnent et j'aimerais travailler dans ce secteur ⚡
- ☐ Je suis très intéressé par les comportements des internautes et la sociologie ⚡
- ☐ Je cherche un métier où l'on passe beaucoup de temps à travailler sur ordinateur ⚡
- ☐ Je suis curieux des innovations technologiques dans le secteur financier, telles que les cryptomonnaies, la blockchain et les plateformes de trading en ligne ⚡
- ☐ Je recherche un métier où je peux bien gagner ma vie et grimper les échelons

Pour **PLUS D'INFOS** sur ce secteur, c'est par ici !

Consulte aussi les formations p. 71

Intéressé ? Complète ton portrait p. 50-51

.......... / 18

QUÊTE 8

# ARCHITECTURE, URBANISME, BTP ET IMMOBILIER

Tu aimerais dessiner des bâtiments, créer des lieux de vie agréables et fonctionnels ? Construire des villes ? Vendre et gérer des propriétés ? Construire des maisons, des routes et des ponts ? Alors le secteur de l'architecture, de l'urbanisme, de l'immobilier et du BTP est fait pour toi. C'est un domaine porteur d'emplois, où l'innovation et la durabilité sont au cœur des métiers.

**Ton but :** participer à des projets concrets qui façonnent le monde de demain, tout en développant des compétences techniques et pratiques très recherchées.

## CHIFFRES-CLÉS

En 2022, le marché du BTP pesait **314 milliards d'euros**

Environ **950 000** : c'est le nombre de transactions comptabilisées par les Notaires de France en 2023

Environ **213 850 projets** de recrutement dans le BTP 2024 (contre 141 890 en 2017, soit une évolution de 51 %)

Source : investir.lesechos.fr, notaires.fr, metiers-btp.fr

## QUELS MÉTIERS ?

architecte • urbaniste • ingénieur civil • décorateur d'intérieur • charpentier • maçon • électricien • paysagiste • peintre en bâtiment • géomètre-topographe • grutier • responsable programme immobilier • responsable technique immobilier • chargé d'affaires travaux énergétiques • menuisier • plombier • conducteur de travaux publics • responsable contenu BIM • agent immobilier • développeur foncier • designer architecture commercial

## DÉCOUVRE DES MÉTIERS DE LA FILIÈRE AVEC WILBI

*Toutes les réponses à tes questions en vidéo !*

Racha
**ARCHITECTE**

Nouha
**RESPONSABLE CONTENU BIM**

Marie et Benjamin
**GÉOMÈTRES-EXPERTS**

wilbi

# QUIZ !

**Suis-je fait pour ce secteur ?**
Plus tu coches de cases, plus ce secteur pourrait te convenir.
⚡ = important pour ce secteur.

## 1 Mes qualités
**Qui suis-je ?**

- ☐ Je suis doté d'un bon esprit d'analyse, d'un bon sens de l'observation et des proportions ⚡
- ☐ Je suis créatif et j'ai une sensibilité esthétique développée ⚡
- ☐ Je suis minutieux et très précis dans ce que je fais ⚡
- ☐ J'aime le travail manuel, le travail de terrain, la lecture de plans et de schémas ⚡
- ☐ Je communique facilement et j'ai un bon sens du contact

## 2 Mes compétences
**Qu'est-ce que je sais faire ?**

- ☐ Je suis bon en mathématiques (géométrie, volumes), en informatique et en expression graphique ⚡
- ☐ J'ai une bonne perception spatiale, je me repère dans l'espace (on dit que « j'ai un compas dans l'œil ») ⚡
- ☐ Je sais reconnaître différents courants architecturaux, monuments historiques
- ☐ Enfant, j'étais très doué en jeux de construction en tout genre (Lego, Meccano)
- ☐ Je suis à l'aise avec les outils informatiques, les logiciels de dessin (2D et 3D) et le numérique

## 3 Mes centres d'intérêt professionnels
**Qu'est-ce que j'aimerais faire ?**

- ☐ J'aimerais travailler dans le domaine de l'architecture des bâtiments, de l'immobilier, de la décoration, de l'aménagement des jardins ou des parcs, des centres commerciaux ⚡
- ☐ Je recherche un métier multi-casquettes (sens commercial, sens créatif, négociation, droit, technicité) avec du terrain et de l'opérationnel ⚡
- ☐ Je recherche un métier où la création, l'invention, la fabrication, la gestion de projet ainsi que les questions sociales, et environnementales, sont au rendez-vous ⚡
- ☐ Je recherche un métier avec un mix de bureau et de terrain
- ☐ Je recherche un métier où je peux suivre un projet de A à Z, être un vrai chef d'orchestre

Pour **PLUS D'INFOS** sur ce secteur, c'est par ici !

Consulte aussi les formations p. 72

.......... / 15

Intéressé ? Complète ton portrait p. 50-51

QUÊTE 9

# ENSEIGNEMENT, RECHERCHE ET FORMATION

Tu veux transmettre tes savoirs, partager ta passion pour une discipline et contribuer activement à l'évolution de la société ? Tu veux aider les jeunes à grandir et à croire en eux ? Tu aimerais découvrir des solutions qui changent le monde ? En devenant enseignant, formateur, professionnel de l'éducation ou encore chercheur, tu laisseras une empreinte positive dans la vie des autres. Rejoindre ce secteur, c'est intégrer une communauté de personnes engagées, prêtes à façonner le futur et à relever les défis du monde de demain.

**Ton but :** transmettre des savoirs, aider les élèves à devenir des citoyens éclairés.

## CHIFFRES-CLÉS

En 2024, la France compte **851 600** enseignants dont **368 600** dans le 1er degré et **482 950** dans le 2nd degré

Il y a environ **120 000 formateurs** professionnels en France

La dépense intérieure de recherche et développement (DIRD) en France a atteint environ **58,9 milliards d'euros en 2022**

Source : investir.lesechos.fr, notaires.fr, metiers-btp.fr

## QUELS MÉTIERS ?

professeur des écoles • professeur de collège • professeur de lycée • conseiller principal d'éducation (CPE) • enseignant-chercheur • psy-En • formateur • conseiller d'orientation scolaire • coach scolaire • moniteur d'atelier • maître-chien • moniteur d'auto-école • chercheur • directeur d'établissement scolaire • conseiller d'orientation scolaire

## DÉCOUVRE DES MÉTIERS DE LA FILIÈRE AVEC WILBI

*Toutes les réponses à tes questions en vidéo !*

Nicolas
**PROFESSEUR D'HISTOIRE-GÉOGRAPHIE**

Virginie
**PROFESSEURE SCIENCES DE L'INGÉNIEUR**

Adrien
**BIOSTATISTICIEN**

wilbi

# QUIZ !

**Suis-je fait pour ce secteur ?**
Plus tu coches de cases, plus ce secteur pourrait te convenir.
⚡ = important pour ce secteur.

## 1 Mes qualités
**Qui suis-je ?**

- ☐ Je suis pédagogue, j'aime transmettre mes connaissances et communiquer ⚡
- ☐ Je suis altruiste, dynamique et enthousiaste ⚡
- ☐ J'ai une certaine autorité naturelle on me dit « assez strict, directif » en général ⚡
- ☐ Je suis patient et résiste bien au stress, au bruit, à l'agitation ⚡
- ☐ Je suis rigoureux et appliqué dans mon travail
- ☐ Je suis une personne sociable et diplomate, j'aime les travaux de groupe et créer du lien avec les autres

## 2 Mes compétences
**Qu'est-ce que je sais faire ?**

- ☐ Je suis bon dans les matières que j'affectionne ⚡
- ☐ Je m'exprime plutôt bien, j'aime bien faire des exposés en classe ⚡
- ☐ J'ai mon BAFA et je sais gérer un groupe d'enfants ou de pré-ados ⚡
- ☐ Je sais expliquer de manière claire les cours à mes copains et les aider dans leurs exercices ⚡
- ☐ Je sais prendre des décisions, trancher lorsque c'est nécessaire, résoudre des conflits

## 3 Mes centres d'intérêt professionnels
**Qu'est-ce que j'aimerais faire ?**

- ☐ Je recherche un métier passion, un métier où je me sente utile aux autres ⚡
- ☐ Depuis tout petit, j'ai la vocation de l'enseignement ⚡
- ☐ J'aimerais faire de la recherche, faire progresser les connaissances dans mon secteur ⚡
- ☐ J'aimerais exercer un métier avec la sécurité de l'emploi ⚡
- ☐ Je recherche un métier où je vais pouvoir faire preuve d'éloquence, parler et être écouté ⚡
- ☐ Je veux exercer un métier de contact, où le relationnel est important

Pour **PLUS D'INFOS** sur ce secteur, c'est par ici !

Consulte aussi les formations p. 73

Intéressé ? Complète ton **portrait** p. 50-51

.......... / 17

QUÊTE 10

# HÔTELLERIE, RESTAURATION ET TOURISME

Tu veux travailler dans un secteur **dynamique** qui offre de nombreuses opportunités ? Tu aimes le **contact humain** et tu cherches un métier qui bouge ? Tu veux découvrir des **cultures variées**, et évoluer rapidement vers des postes à responsabilité ? Alors ce secteur est fait pour toi. Il emploie plus d'un million de personnes, avec une majorité de femmes, et continue de croître grâce à l'afflux des touristes du monde entier.

**Ton but :** développer des compétences en service et en gestion dans un environnement animé, exigeant de l'endurance et de la flexibilité.

## QUELS MÉTIERS ?

agent de voyages • réceptionniste • serveur • sommelier • barman • hôtesse de l'air/steward • directeur de restaurant • accompagnateur de voyage • commis de cuisine • pâtissier • gouvernante • chef cuisinier • directeur d'hôtel • gérant de restauration collective • chef de produit touristique • directeur d'agence de voyages • directeur d'office de tourisme • hôte d'accueil • agent d'escale ferroviaire • guide conférencier

### CHIFFRES-CLÉS

**En 2023 :**

Le secteur du tourisme représente environ **1,3 million d'emplois** directs

La France reste la première destination touristique mondiale avec environ **98 millions d'arrivées**

La France dispose de plus de **16 000 hôtels**, 655 000 chambres, et 170 000 établissements de restauration

Sources : Atout-France.fr et INSEE

### DÉCOUVRE DES MÉTIERS DE LA FILIÈRE AVEC WILBI

*Toutes les réponses à tes questions en vidéo !*

*Alexandre*

**CHEF DE RÉCEPTION**

*Geoffrey*

**DIRECTEUR DE RESTAURANT**

**GUIDE TOURISTIQUE**

wilbi

# QUIZ !

**Suis-je fait pour ce secteur ?**
Plus tu coches de cases, plus ce secteur pourrait te convenir.
⚡ = important pour ce secteur.

## 1 Mes qualités
**Qui suis-je ?**

- ☐ Je suis dynamique, organisé et soigneux : je suis toujours le premier à proposer des idées de sorties à mes amis et à les organiser ⚡
- ☐ Je suis passionné par les goûts, les saveurs et la cuisine ; j'ai un bon odorat et un palais fin ⚡
- ☐ Je suis très ponctuel, fiable, diplomate ⚡
- ☐ Je sais garder mon sang-froid en toutes circonstances et je supporte bien la pression
- ☐ Je suis sociable et j'aime rendre service

## 2 Mes compétences
**Qu'est-ce que je sais faire ?**

- ☐ Je suis bon en histoire et en arts et j'aime transmettre : dès qu'il y a une sortie en classe, je suis partant ⚡
- ☐ Je sais cuisiner de nombreux plats : la dernière fois que mes amis sont venus chez moi, je leur ai préparé un vrai festin ⚡
- ☐ Je suis habile de mes mains, précis dans mes gestes et j'aime les travaux pratiques et manuels ⚡
- ☐ Je sais reproduire des gestes techniques en observant quelqu'un les faire ⚡
- ☐ Je sais repérer du premier coup d'œil un détail qui cloche
- ☐ Je sais travailler en équipe, respecter la hiérarchie et les règles ⚡
- ☐ Je sais m'exprimer en anglais, à l'écrit comme à l'oral

## 3 Mes centres d'intérêt professionnels
**Qu'est-ce que j'aimerais faire ?**

- ☐ Je recherche un métier passion, un métier dynamique, avec de l'adrénaline et pourquoi pas des voyages ⚡
- ☐ J'aimerais étudier en apprentissage ou faire de nombreux stages, apprendre mon métier en pratiquant au quotidien ⚡
- ☐ Je veux exercer un métier de contact, où le relationnel est très important ⚡
- ☐ Je recherche un métier dans un secteur où il y a de la demande, un réel besoin et où je n'aurai pas de problème pour trouver un emploi

Pour **PLUS D'INFOS** sur ce secteur, c'est par ici !

Consulte aussi les formations p. 74

.......... / 16

Intéressé ? Complète ton portrait p. 50-51

QUÊTE 11

# ART, ARTS APPLIQUÉS ET DESIGN

Tu veux exercer un métier artistique pour matérialiser tes idées ? Tu souhaites inspirer les autres et faire réfléchir ? Tu aimerais rencontrer d'autres personnes qui partagent ta passion ? Alors le secteur de l'art, des arts appliqués et du design pourrait te convenir. Quel que soit ton domaine de prédilection (peinture, dessin, mode, théâtre, design, etc.), tu pourras développer des compétences techniques très recherchées tout en laissant libre cours à ta créativité.

**Ton but :** créer, travailler la communication visuelle, et gérer des projets complexes.

## QUELS MÉTIERS ?

restaurateur d'œuvres d'art • antiquaire • archéologue • comédien • danseur • maquilleur artistique • galeriste • modéliste • costumier • chef de produit textile • illustrateur • motion designer • infographiste • directeur de création • designer produit • designer architecture commercial • designer graphique • designer textile • commissaire d'exposition • décorateur d'intérieur • maquettiste

### CHIFFRES-CLÉS

En 2023, la France se classe au **4e rang mondial** pour les ventes d'art contemporain

En 2023, le secteur du design emploie environ **155 000 personnes**

**175 000 étudiants** inscrits en 2021 dans des formations artistiques et culturelles au niveau supérieur

Sources : Art Price, APCI, ministère de l'Éducation nationale

### DÉCOUVRE DES MÉTIERS DE LA FILIÈRE AVEC WILBI

*Toutes les réponses à tes questions en vidéo !*

Pierre-Hugo
**DESIGNER TEXTILE**

Elsa
**MOTION DESIGNER**

Laura
**ILLUSTRATRICE**

wilbi

# QUIZ !

**Suis-je fait pour ce secteur ?**
Plus tu coches de cases, plus ce secteur pourrait te convenir.
⚡ = important pour ce secteur.

## 1 Mes qualités
**Qui suis-je ?**

- ☐ Je suis passionné par un grand domaine des arts appliqués : le design, le graphisme, la mode ou la décoration par exemple ⚡
- ☐ Je suis habile, adroit de mes mains, doué en dessin, précis, minutieux et perfectionniste ⚡
- ☐ Je suis créatif, imaginatif et curieux ⚡
- ☐ Je suis une personne sociable, j'aime les travaux de groupe et communiquer avec les autres

## 2 Mes compétences
**Qu'est-ce que je sais faire ?**

- ☐ Je suis bon en histoire, en histoire de l'art, en sciences, en cours de dessin et d'arts plastiques ⚡
- ☐ Je sais bricoler, fabriquer des objets de mes mains, dessiner, créer des univers artistiques ⚡
- ☐ Je maîtrise déjà quelques logiciels de graphisme et de création graphique (Canva, Photoshop, Illustrator, Indesign) ⚡
- ☐ Je sais faire de la peinture, de la sculpture, de la couture ou de la photographie
- ☐ Je fais partie du club théâtre de mon lycée : pour le dernier spectacle, c'est moi qui ai confectionné décors et costumes ⚡

## 3 Mes centres d'intérêt professionnels
**Qu'est-ce que j'aimerais faire ?**

- ☐ Je recherche un métier passion, un métier artistique où je vais pouvoir travailler de mes mains ⚡
- ☐ J'aimerais exercer un métier où j'utilise au quotidien ma créativité et mon imagination ⚡
- ☐ J'aimerais rendre une marque inoubliable, inventer des objets, optimiser des espaces, améliorer l'expérience utilisateur d'un produit ou d'un service ⚡
- ☐ J'aimerais travailler à mon compte, ou travailler avec une certaine indépendance et liberté d'action

Pour **PLUS D'INFOS** sur ce secteur, c'est par ici !

Consulte aussi les formations p. 75

Intéressé ? Complète ton **portrait** p. 50-51

.......... / 13

QUÊTE 12

# LETTRES, LANGUES, CULTURE ET PATRIMOINE

Tu as toujours aimé lire ? On te dit que tu as une belle plume ? Tu aimes les langues et l'histoire ? Tu vas au musée dès que l'occasion se présente : Picasso et Chagall n'ont plus de secret pour toi ? En t'engageant dans le secteur littéraire et culturel, tu pourras travailler dans des environnements stimulants comme les musées, l'édition ou la traduction avec des opportunités uniques pour explorer la richesse des cultures, préserver notre héritage commun, ou transmettre le savoir et la beauté.

**Ton but :** avoir une carrière où ta passion pour la culture prendra tout son sens.

## QUELS MÉTIERS ?

écrivain • interprète • traducteur • professeur de FLE • médiateur culturel • archéologue • antiquaire • manageur d'organisations culturelles • éditeur • directeur éditorial • correcteur • iconographe • archiviste • libraire • concepteur de projets culturels • guide conférencier • conservateur du patrimoine • restaurateur d'œuvres d'art • bibliothécaire • conservateur de musée

### CHIFFRES-CLÉS

**2 945 millions** d'euros de chiffres d'affaires pour les éditeurs en 2023 et 439,7 millions de livres vendus

Plus de **1 222 musées** en France dont 61 musées nationaux.

Plus de **15 500 bibliothèques**

plus de **2 050 cinémas** actifs

**31 %** des Français déclarent maîtriser l'anglais

Sources : sne.fr, culture.gouv.fr

### DÉCOUVRE DES MÉTIERS DE LA FILIÈRE AVEC WILBI

Toutes les réponses à tes questions en vidéo !

Sandrine
DIRECTRICE ÉDITORIALE

Camille
ÉCRIVAINE

Maylis
RESTAURATRICE D'ŒUVRES D'ART

wilbi

# QUIZ !

**Suis-je fait pour ce secteur ?**
Plus tu coches de cases, plus ce secteur pourrait te convenir.
⚡ = important pour ce secteur.

## 1 Mes qualités

**Qui suis-je ?**

- ☐ Je suis amoureux des langues étrangères ⚡
- ☐ Je suis ce qu'on appelle un « gros lecteur », je dévore tous les livres qui me tombent sous la main et j'aime passer du temps en librairie ⚡
- ☐ Je suis curieux et j'ai une bonne culture générale ⚡
- ☐ Je suis tenace, persévérant dans mes recherches
- ☐ Je suis méthodique, rigoureux et précis dans le choix de mes mots ⚡
- ☐ Je suis minutieux et très précis dans ce que je fais
- ☐ J'ai un bon sens du contact : je communique facilement et avec diplomatie

## 2 Mes compétences

**Qu'est-ce que je sais faire ?**

- ☐ Je suis bon en français et dans les matières littéraires (histoire, littérature, philosophie, langues) : j'ai eu de bonnes notes au Bac de français ⚡
- ☐ Je sais lire des textes, en tirer la substantifique moelle, rédiger, argumenter pour bien présenter mes idées ⚡
- ☐ Je sais reconnaître quelques courants artistiques, des artistes célèbres ainsi que leurs œuvres les plus réputées
- ☐ Je sais organiser, planifier des évènements
- ☐ Je manie avec aisance plusieurs langues : les séries sans sous-titre, c'est facile !

## 3 Mes centres d'intérêt professionnels

**Qu'est-ce que j'aimerais faire ?**

- ☐ La culture, le patrimoine, l'art sont des secteurs qui m'attirent car je cherche un métier passion ⚡
- ☐ Je recherche un métier où je puisse voyager, me déplacer
- ☐ J'aimerais travailler dans un musée : monter des expositions, être l'intermédiaire entre les œuvres et le public ⚡
- ☐ J'aimerais enseigner, transmettre mes connaissances linguistiques, ma culture
- ☐ J'aimerais exercer un métier basé sur l'écrit et partager ma passion des mots avec les autres ⚡

Pour **PLUS D'INFOS** sur ce secteur, c'est par ici !

Consulte aussi les formations **p. 76**

**Intéressé ? Complète ton portrait p. 50-51**

.......... / 17

QUÊTE 13

# DROIT ET JUSTICE

Tu veux exercer un métier où chaque journée te pousse à défendre ce qui est juste, où les compétences en analyse, en argumentation sont centrales ? Une carrière dans le domaine juridique t'offre cette opportunité unique. Tu pourras travailler dans des domaines variés (droit des affaires, droit pénal, défense des droits de l'homme, etc.), tout en ayant à ta disposition un large choix de métiers (avocat, juge, juriste, etc.).

**Ton but :** protéger les individus et construire une société plus équitable.

## QUELS MÉTIERS ?

avocat (droit des affaires, droit pénal, droit du travail...) • juriste • greffier • notaire • clerc de notaire • huissier • magistrat • commissaire de justice • instructeur en droit des sols • mandataire judiciaire à la protection des majeurs • procureur • assistant juridique • juge (des enfants, aux affaires familiales, d'instruction...) • juriste d'entreprise • responsable des affaires réglementaires • éducateur de la protection judiciaire de la jeunesse

### CHIFFRES-CLÉS

La France compte environ 72 000 avocats dont **55 % de femmes**

Environ **17 000 notaires** exercent en France

Plus de **210 000 étudiants** étaient inscrits en Licence, Master ou doctorat de droit.

Le taux de réussite en première année de Licence de droit est d'environ **40 %**

Sources : justice.gouv.fr, note flash du SIES

### DÉCOUVRE DES MÉTIERS DE LA FILIÈRE AVEC WILBI

*Toutes les réponses à tes questions en vidéo !*

Anne-Charlotte
COMMISSAIRE DE JUSTICE

JURISTE D'ENTREPRISE

Sarah
AVOCATE PÉNALISTE

wilbi

# QUIZ !

**Suis-je fait pour ce secteur ?**
Plus tu coches de cases, plus ce secteur pourrait te convenir.
⚡ = important pour ce secteur.

## 1 Mes qualités
**Qui suis-je ?**

- ☐ J'ai un sens aigu de la justice, je suis sensible aux problèmes politiques et sociaux et l'honnêteté est une valeur fondamentale ⚡
- ☐ Je suis doté d'une mémoire d'éléphant, d'une capacité d'analyse et d'un esprit de synthèse développé ⚡
- ☐ Je suis amoureux de la langue française et le jargon juridique ne m'effraie pas ⚡
- ☐ Je sais écouter sans juger, et prendre de la distance ⚡
- ☐ Je suis rigoureux, pointilleux et précis

## 2 Mes compétences
**Qu'est-ce que je sais faire ?**

- ☐ Je suis bon dans les matières littéraires (français, histoire, langues et philosophie) ⚡
- ☐ Je suis en STMG ou j'ai choisi l'option droit en Terminale générale
- ☐ Je m'exprime bien, à l'oral et à l'écrit, j'aime défendre mes opinions avec les bons arguments ⚡
- ☐ Je sais travailler en faisant preuve de beaucoup d'organisation, je planifie mes révisions sur un agenda et je sais respecter les délais
- ☐ Je sais résoudre des conflits entre mes camarades : jouer le rôle de médiateur afin de trouver des solutions, ça me parle !

## 3 Mes centres d'intérêt professionnels
**Qu'est-ce que j'aimerais faire ?**

- ☐ Je recherche un métier où les questions de justice, d'équité et de droits de l'homme sont des valeurs fondamentales ⚡
- ☐ Les questions éthiques et morales me passionnent, réfléchir sur ce qui est juste ou injuste dans différentes situations m'enthousiasme ⚡
- ☐ Je recherche un métier où je vais pouvoir faire preuve d'éloquence, débattre, argumenter, et convaincre mon auditoire ⚡
- ☐ Je recherche un métier qui me permette d'analyser des dossiers complexes et trouver des solutions
- ☐ Je veux exercer un métier de contact, où le relationnel est important
- ☐ Je n'ai pas peur d'un métier où l'on rédige et où l'on lit beaucoup

Pour **PLUS D'INFOS** sur ce secteur, c'est par ici !

Consulte aussi les formations p. 77

Intéressé ? Complète ton **portrait** p. 50-51

.......... / 16

QUÊTE 14

# SPORT ET ANIMATION

Tu as déjà ton BAFA et tu as envie de consacrer ta carrière à l'animation et l'encadrement de différents publics ? Tu recherches un métier dynamique, avec du mouvement, du travail d'équipe et du contact avec les autres ? Le sport est ta passion et tu aimerais en faire ton métier ? Que ce soit en tant qu'entraîneur, animateur sportif, ou organisateur d'événements, rejoins ce secteur en pleine croissance.

**Ton but :** inspirer, motiver, contribuer au bien-être des autres.

## QUELS MÉTIERS ?

éducateur sportif • moniteur de sport • sportif de haut-niveau • professeur d'EPS • préparateur physique • agent de joueurs • coach sportif en salle • cordiste • animateur socio-culturel • animateur périscolaire • musher • guide de haute-montagne • entraîneur sportif • arbitre • pilote automobile • directeur de club de sport • organisateur d'évènements sportifs

### CHIFFRES-CLÉS

**71 milliards d'euros :** chiffre d'affaires généré par les entreprises de la filière sport

**360 000 emplois** dans le secteur du sport dont une majorité dans les activités associatives et les clubs sportifs

**100 000 emplois** dans le secteur de l'animation souvent en contrat saisonnier ou à temps partiel

Les femmes sont majoritaires dans les métiers de l'animation avec **60 à 70 % des effectifs**

Sources : BPCE l'Observatoire, Insee et ministère des Sports

### DÉCOUVRE DES MÉTIERS DE LA FILIÈRE AVEC WILBI

*Toutes les réponses à tes questions en vidéo !*

Arnaud
ÉDUCATEUR SPORTIF

Roukia
ANIMATRICE SOCIO-CULTURELLE

Mathias
MUSHER

wilbi

# QUIZ !

**Suis-je fait pour ce secteur ?**
Plus tu coches de cases, plus ce secteur pourrait te convenir.
⚡ = important pour ce secteur.

## 1 Mes qualités
**Qui suis-je ?**

- ☐ Je suis sportif, dynamique, bouger est dans ma nature ⚡
- ☐ Je suis un amoureux des grands espaces et de la nature ⚡
- ☐ Je suis pédagogue, j'aime transmettre mes connaissances et communiquer ⚡
- ☐ J'ai un bon sens de l'orientation et je suis observateur ⚡
- ☐ Je sais garder mon sang-froid en toutes circonstances
- ☐ Je suis une personne sociable, avec un bon sens relationnel et j'aime le travail de groupe

## 2 Mes compétences
**Qu'est-ce que je sais faire ?**

- ☐ Je suis bon en EPS et en SVT ⚡
- ☐ J'ai une bonne coordination physique et je suis doué dans une discipline sportive ⚡
- ☐ Doté d'un esprit pratique, je sais reproduire des gestes techniques en observant
- ☐ J'ai obtenu mon BAFA et je sais animer, encadrer des groupes de jeunes ⚡

## 3 Mes centres d'intérêt professionnels
**Qu'est-ce que j'aimerais faire ?**

- ☐ Je recherche un métier passion, dynamique avec des sensations fortes, où je peux travailler en extérieur ⚡
- ☐ Je recherche un métier fondé sur le sport car c'est ma passion ⚡
- ☐ Je recherche un métier où je vais pouvoir faire preuve d'imagination, de créativité pour organiser des activités avec le public que j'encadre ⚡
- ☐ J'aimerais faire des études professionnalisantes, avec beaucoup plus de pratique que de théorie ⚡
- ☐ Je veux exercer un métier de contact, où le relationnel est important

Pour **PLUS D'INFOS** sur ce secteur, c'est par ici !

Consulte aussi les formations p. 78

Intéressé ? Complète ton **portrait** p. 50-51

.......... / 15

QUÊTE 15

# POLITIQUE, HUMANITAIRE ET RELATIONS INTERNATIONALES

Tu rêves de t'engager pour des causes qui te tiennent à cœur ? de défendre des droits, d'agir pour la paix ? de promouvoir la justice sociale ou d'apporter de l'aide humanitaire dans des zones touchées par des crises ? Le secteur de la politique, des relations internationales et de l'humanitaire est peut-être fait pour toi ! Dans ce domaine, tu pourras œuvrer pour améliorer les conditions de vie des plus vulnérables, et contribuer à des projets concrets pour un monde plus juste et solidaire.

**Ton but :** travailler au service des autres, comprendre les enjeux mondiaux et agir pour le bien commun.

## QUELS MÉTIERS ?

attaché territorial • conseiller politique • fonctionnaire européen • ambassadeur • chef de projet humanitaire • collecteur de fonds humanitaires • agent diplomatique • logisticien humanitaire • chargé de communication politique • maire • assistant parlementaire • politologue • responsable partenariats • chargé de coopération internationale

### CHIFFRES-CLÉS

Environ
**300 000**
personnes travaillent pour des ONG humanitaires dans le monde

L'Union européenne emploie environ
**60 000**
personnes, dont beaucoup avec des fonctions politiques, diplomatiques et administratives

Le ministère des Affaires étrangères français emploie environ
**13 500**
personnes

Sources : *ministère des affaires étrangères*, UE, Institut Montaigne

### DÉCOUVRE DES MÉTIERS DE LA FILIÈRE AVEC WILBI

*Toutes les réponses à tes questions en vidéo !*

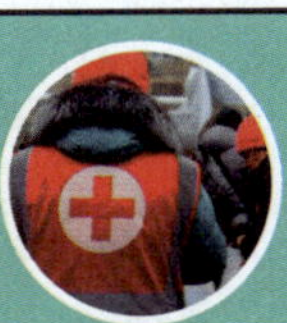

*Alphonse et Fussen*
**LOGISTICIEN HUMANITAIRE**

**AGENT DIPLOMATIQUE**

*Pierre-Yves et Alice*
**TRADUCTEURS**

wilbi

# QUIZ !

**Suis-je fait pour ce secteur ?**
Plus tu coches de cases, plus ce secteur pourrait te convenir.
⚡ = important pour ce secteur.

## 1 Mes qualités
**Qui suis-je ?**

- ☐ Je suis empathique, altruiste et à l'écoute des autres ⚡
- ☐ Je suis engagé dans une association caritative car j'aime aider les autres et agir sur le terrain ⚡
- ☐ Je m'intéresse de près à l'actualité, aux questions politiques, économiques et sociales, ainsi qu'aux relations internationales ⚡
- ☐ J'ai le sens des responsabilités ⚡
- ☐ J'ai un bon sens du contact, du relationnel et je communique facilement avec les autres
- ☐ Je suis diplomate et conciliant
- ☐ J'ai une bonne résistante au stress grâce à mon sang-froid légendaire

## 2 Mes compétences
**Qu'est-ce que je sais faire ?**

- ☐ Je suis bon en langues ainsi qu'en histoire-géographie, en économie et en sciences politiques ⚡
- ☐ J'ai choisi les spécialités HGGSP, SES ou LLCE ⚡
- ☐ Je sais débattre et argumenter ⚡
- ☐ J'ai participé au club débat de mon lycée ou à une simulation MUN (modèle des Nations Unies)
- ☐ Je sais gérer les situations de conflit, les situations délicates
- ☐ Je sais organiser et gérer des projets de façon méthodique

## 3 Mes centres d'intérêt professionnels
**Qu'est-ce que j'aimerais faire ?**

- ☐ Je veux exercer un métier qui ait un impact sur la société, la vie des gens ⚡
- ☐ Je veux m'engager pour une cause qui me tient à cœur ⚡
- ☐ Je veux travailler dans la diplomatie française et/ou dans des organisations internationales (ONU, UE, etc.) pour jouer un rôle clé dans la stabilité mondiale ⚡
- ☐ Je souhaite maîtriser les langues étrangères pour échanger avec des personnes de cultures variées et approfondir ma compréhension des contextes internationaux.
- ☐ Je veux exercer un métier où les droits humains, la protection des populations vulnérables, les missions de terrain sont à l'honneur

Pour **PLUS D'INFOS** sur ce secteur, c'est par ici !

Consulte aussi les formations p. 79

.......... / 18

Intéressé ? Complète ton **portrait** p. 50-51

QUÊTE 16

# DÉFENSE ET SÉCURITÉ

Tu veux un métier avec de l'adrénaline et des missions variées ? Être un acteur-clé pour la paix, l'ordre public et le bien-être des citoyens ? Rejoindre une communauté soudée, où entraide et respect sont essentiels ? Alors les métiers de la défense et de la sécurité sont faits pour toi.

**Ton but :** assurer la sécurité des personnes, des biens et des institutions, protéger ton pays.

**DÉCOUVRE DES MÉTIERS DE LA FILIÈRE AVEC WILBI**

wilbi

*Toutes les réponses à tes questions en* **vidéo !**

OFFICIER DE POLICE

Nicolas

EXPERT EN CYBERSÉCURITÉ

## QUIZ !

Consulte aussi les formations p. 80

**Suis-je fait pour ce secteur ?**
Plus tu coches de cases, plus ce secteur pourrait te convenir.
⚡ = important pour ce secteur.

.......... / 10

### 1 Mes qualités
**Qui suis-je ?**

- ☐ Je suis intéressé par le droit et je suis motivé pour faire respecter la loi ⚡
- ☐ Je suis altruiste et courageux ⚡
- ☐ Je suis curieux, j'aime mener des enquêtes, récolter des informations ⚡

### 2 Mes compétences
**Qu'est-ce que je sais faire ?**

- ☐ Je suis bon en EPS ⚡
- ☐ Je sais prendre des décisions, trancher lorsque c'est nécessaire, résoudre des conflits ⚡
- ☐ Je sais garder mon sang-froid face à des situations difficiles ⚡
- ☐ Je suis bon dans les jeux d'enquête (Cluedo, Détective, Exit) et les jeux d'énigme (Escape Game)

### 3 Mes centres d'intérêt professionnels
**Qu'est-ce que j'aimerais faire ?**

- ☐ Je recherche un métier pour faire respecter la loi, assurer la sécurité de mes concitoyens, préserver la paix ⚡
- ☐ J'aimerais exercer un métier où la routine n'existe pas, avec des sensations fortes ⚡
- ☐ J'aimerais porter l'uniforme, servir l'État ⚡

Intéressé ? Complète ton portrait p. 50-51

Pour **PLUS D'INFOS** sur ce secteur, c'est par ici !

# Mon portrait

Mon pseudo

Ma classe

Mes spécialités
(si je suis en Bac général)

Ma série
(si je suis en Bac techno)

Mes options

**RÈGLE DU JEU :**

Explore les 4 mondes de ce carnet pour construire ton projet d'orientation.

Ce portrait est à toi, fais-en ton journal de bord.

À toi de jouer !

# Mon portrait

## MONDE 1 Révèle-toi

p. 5-16

### OSE RÊVER GRAND

Quête 1 p. 6-7

Mes 3 rêves

- ..................................................
- ..................................................
- ..................................................

### DIS-MOI QUI TU ES

Quête 2 p. 8-9

Mes principaux traits de caractère

- ..................................................
- ..................................................
- ..................................................
- ..................................................
- ..................................................

### ACTIVE TON BOOSTER

Quête 4 p. 12-13

Mes 3 plus grandes motivations

- ..................................................
- ..................................................
- ..................................................

### SOIS EN ACCORD AVEC TOI-MÊME

Quête 5 p. 14-15

Mes 3 valeurs essentielles

- ..................................................
- ..................................................
- ..................................................

### VA AU-DELÀ DE TES LIMITES

Quête 6 p. 16

Mes 3 croyances limitantes

- ..................................................
- ..................................................
- ..................................................

### RECONNAIS TES ATOUTS

Quête 3, p. 10-11

Mes 2 principaux talents

- ..................................................
- ..................................................

Mes 2 principales compétences

- ..................................................
- ..................................................

Mes 2 principales forces

- ..................................................
- ..................................................

À DÉTACHER !

# Guide parents

1re
Tle
VERS LE POSTBAC

## L'orientation sans stress et sans prise de tête !

En 1re-Term, certains ados revendiquent leur indépendance et veulent faire leurs propres choix. D'autres sont perdus et préfèrent qu'on choisisse pour eux. Il va donc falloir trouver le bon dosage pour faire comprendre les enjeux de l'orientation à votre ado, tout en respectant son besoin d'indépendance.

## MON ADO ET L'ORIENTATION

- En 1re et Term, l'orientation devient un enjeu central. Chaque résultat scolaire devient un indicateur de ce qui sera ou non possible. **C'est tout d'abord cette anxiété – la vôtre et celle de votre enfant– qu'il faut combattre pour pouvoir avancer.**
- **Vous, parents**, vous posez de multiples questions : mon enfant a-t-il des capacités à la hauteur de ses ambitions ? Le métier ou les études qui l'attirent lui correspondent-ils vraiment ? Quelles sont ses perspectives professionnelles ? Comment l'accompagner ?
- **Les jeunes, de leur côté**, donnent parfois l'impression de ne pas être investis. Leurs interrogations sont souvent pragmatiques à court terme (quel intérêt ? quelle durée d'études ? quel salaire ?...) ! Mais même quand ils ne le disent pas, tous s'inquiètent pour leur avenir, et **cela rend souvent vos échanges compliqués**.
- Mais, si vous avez acheté ce carnet, c'est que vous mesurez l'importance de votre rôle dans le processus d'orientation de votre ado ! Vous verrez qu'avec les informations pertinentes et les bonnes questions, vous pourrez l'aider et échanger avec lui plus sereinement.

## COMMENT UTILISER CE CARNET ?

Ce carnet est destiné à votre ado. Ludique et facile d'accès, basé sur des tests pour se positionner et un portrait central à compléter, il peut être utilisé en toute autonomie même si, en 1re-Term, rares sont les jeunes prêts à gérer seuls leur orientation. Discutez avec votre enfant de la façon dont il souhaite utiliser ce carnet. Veut-il le compléter avec vous ou bien avancer seul et partager ses découvertes à intervalles réguliers ? Il n'y a pas de règles, d'autant que l'on peut utiliser le carnet dans l'ordre que l'on souhaite. L'essentiel est que votre ado explore les différents mondes et complète son portrait au fil de l'eau. L'objectif est de l'intéresser à son orientation et de l'accompagner dans sa réflexion sans pression.

hachette

# Comment pouvez-vous aider votre ado ?

**4 CLÉS TESTÉES PAR LES COACHS**

## DÉFINIR LE CADRE ET ANTICIPER

Les choix d'orientation doivent être faits par les jeunes, mais même en 1re-Term, ils ne sont pas toujours capables de les faire seuls. C'est à vous, parents, de **fixer le cap** et de garantir qu'ils seront prêts pour les grandes étapes.

### OBJECTIF 1 : fixer le cadre

**Qu'est-ce qui est important**, non négociable pour vous, parents ? Par exemple :

- Faire des **études supérieures courtes ? longues ?** Avoir un **métier** le plus tôt possible ?
- Quels types d'études envisager ? Quel financement ?
- Rester à la maison le plus longtemps possible ou en partir ? Loin ou près ? Avec une expérience à l'étranger pour élargir ses horizons ?

### OBJECTIF 2 : anticiper les enjeux et les étapes clés

- Le secret d'une orientation réussie est d'avoir toujours **un coup d'avance**.
- Aidez votre ado à se renseigner tôt sur les **attendus des formations postbac** qui l'intéressent en consultant par exemple les fiches par formation sur Parcoursup : Quelles spécialités garder en Term ? Faut-il passer un test de langue ? un concours ? Des expériences spécifiques (stage, bénévolat…) sont-elles nécessaires ?
- Quels que soient ses choix, incitez-le à toujours **avoir des plans B**. Avec plusieurs options, il pourra rebondir s'il n'obtient pas son premier choix.

## RASSURER QUEL QUE SOIT SON NIVEAU

- Même les jeunes qui ne semblent pas du tout préoccupés par leur orientation le sont : **tous ont besoin d'être rassurés**.
- Quel que soit le **profil** de votre ado, il est important de lui rappeler qu'il existe des formations pour tous, des **passerelles** qui lui permettront de rebondir plus tard s'il le souhaite.
- Si la perspective de **Parcoursup** l'inquiète, expliquez-lui qu'avec une bonne méthode et en s'y prenant sufisamment à l'avance, il réussira à trouver une formation qui lui convient.

**À CHACUN SON RYTHME !**

Le rythme personnel du développement du jeune ne correspond pas forcément au calendrier de l'orientation. Certains se réveillent en 1re au moment où ils découvrent leurs spécialités, d'autres en Terminale ou après le Bac. Attention aux comparaisons avec les frères et sœurs ou les amis ! Dites à votre enfant que **vous lui faites confiance** pour réussir à son rythme.

À DÉTACHER !

## LE LAISSER FAIRE SES EXPÉRIENCES ET LE LAISSER CHOISIR

- **C'est peut-être la partie la plus difficile.** Vous avez probablement des rêves pour vos enfants et vous voulez leur éviter un chemin compliqué. Vos expériences ont fait de vous la personne que vous êtes aujourd'hui, vos réussites et vos échecs. **Vous ne pourrez pas tout jalonner pour votre ado.** Il va devoir lui aussi passer par ces étapes.
- Un peu comme lorsqu'il a appris à faire du vélo sans roulettes. Il a dû faire avec les imperfections de la route, les trottoirs ou les fossés. Ce sont ces obstacles qui l'ont aidé à être plus sûr de lui aujourd'hui.
- Vous allez devoir trouver un juste équilibre pour **l'accompagner sans vous imposer**, émettre des suggestions en acceptant qu'elles ne soient pas prises en compte, écouter ses arguments, prendre de la distance tout en étant prêt à intervenir si besoin…
- L'essentiel est de **le confronter à la réalité sans le couper de ses rêves**. N'oubliez pas qu'il n'est qu'en 1re-Term, encouragez-le à voir grand tout en l'aidant à réaliser les défis qui l'attendent.
- Attention à **ne pas enfermer votre enfant dans une filière**. Incitez-le à mieux se connaître et à s'écouter. Ce n'est pas parce que son prof ou vous pensez qu'il est fait pour Sciences Po ou un BUT que c'est le cas !

## L'AIDER À SE PROJETER DANS LES ÉTUDES ET LE MONDE PROFESSIONNEL

- En 1re-Term, il est difficile pour un jeune de s'imaginer dans une vie d'étudiant, encore moins de jeune professionnel.
- En tant que parents vous pouvez inciter vos enfants à **découvrir des filières d'études, des métiers**, des domaines d'activité. Au lieu de leur demander ce qu'ils veulent faire plus tard, **racontez-leur ce que vous vouliez faire, ce que vous faites au travail**. Invitez-les à **s'intéresser aux études et aux métiers des gens qu'ils connaissent**.
- **Saisissez toutes les occasions pour leur donner des exemples concrets :** ton cousin Lucas est compagnon en menuiserie, le frère de ton meilleur ami est journaliste après des études de droit… et la voisine a été jeune fille au pair à Londres avant de créer son entreprise !
- Incitez-le à rencontrer des professionnels et à participer aux forums des métiers organisés dans son lycée.

## *Quels sont les grands enjeux de l'orientation en 1re-Term ?*

Durant les 2 dernières années de lycée, votre ado et vous allez prendre des décisions essentielles en matière d'orientation. C'est le début d'une réflexion plus large sur l'avenir, qui passe par une découverte du monde professionnel et des options de poursuite d'études.

**1. En 1re**

- Choisir la spécialité à abandonner en Term ou choisir l'enseignement spécifique (pour la voie technologique)
- Réussir le Bac de français

**2. En Term**

- Choisir les formations et candidater sur Parcoursup
- Avoir le meilleur dossier possible en 1re et les deux premiers trimestres de Term pour mettre toutes les chances de son côté

**Les grandes étapes de l'année, voir p. 92-93**

À DÉTACHER !

# Où s'informer et trouver de l'aide ?

Les parents sont la première source d'information des jeunes, tous les sondages le montrent. Pour accompagner au mieux votre enfant, il est donc essentiel de vous informer.

## Il existe de nombreuses ressources gratuites en ligne

| LES SITES OFFICIELS INCONTOURNABLES | POUR ALLER PLUS LOIN |
| --- | --- |
| **onisep.fr :** toutes les informations sur les formations et les métiers.<br>**cidj.com :** site de ressources en orientation.<br>**oriane.info.fr :** orientation et insertion en Île-de-France. | **letudiant.fr, studyrama.fr, thotismedia.com, etudiant.lefigaro.fr :** sur les formations, les classements, les salons.<br>**inspire-orientation.org :** pour être accompagné dans le processus d'orientation. |
| **parcoursup.fr :** un moteur de recherche thématique et des fiches par formation.<br>**data.enseignementsup-recherche.gouv.fr :** les données statistiques de Parcoursup. Si les stats vous font peur, deux sites les analysent pour vous : **suptracker.org** et **supeasy.fr**.<br>**horizon21.fr :** pour simuler les combinaisons de spécialités et découvrir les formations et les métiers. | **mooc-orientation.fr :** pour explorer différentes filières et types d'études.<br>**azimut-orientation.com :** podcast sur l'orientation.<br>**wilbi-app.com :** pour découvrir le quotidien des métiers à travers des vidéos courtes et dynamiques. |

## Ce n'est pas parce que votre rôle est essentiel que vous devez tout faire seul !

- Parfois en tant que parent, on peut se sentir démuni ou dépassé par l'orientation de son enfant. Pourtant vous n'êtes pas seul ! Il existe sûrement quelqu'un dans l'**entourage** de votre ado qui peut l'aider : un parent, un de vos amis, un entraîneur sportif, un prof de musique...
- Vous pouvez aussi consulter gratuitement un **conseiller en orientation** près de chez vous dans les **CIO** (Centres d'information et d'orientation), via le CIDJ ou les missions locales (mission-locale.fr), mais aussi en ligne (monorientationenligne.fr).
- Enfin des **professionnels de l'orientation** privés, conseillers ou coachs, peuvent accompagner votre ado dans la construction de son projet.

### ET POUR CONCLURE

Même si votre ado va faire des choix essentiels cette année, tout ne se joue pas au lycée ou même en postbac. Aujourd'hui (et encore plus demain !), il existe de plus en plus de passerelles pour passer d'une voie à une autre. Alors rassurez-vous et rassurez-le car à ce stade, il a d'abord besoin d'avoir confiance en lui.

## MONDE 2
p. 17-48

## Il y a forcément un métier pour toi

### MES 3 SECTEURS PRÉFÉRÉS

Quête

- ..............................................................
- ..............................................................
- ..............................................................

### MES 3 IDÉES MÉTIERS

Quête

- ..............................................................
- ..............................................................
- ..............................................................

## MONDE 3
p. 53-80

## Je fais quoi comme études ?

### LA DURÉE DES ÉTUDES QUE J'ENVISAGE

Quêtes p. 54-62

Bac + ....... ans

### MES 4 PISTES D'ÉTUDES SUPÉRIEURES

Quêtes p. 63-80

- ..............................................................
- ..............................................................
- ..............................................................
- ..............................................................

☐ Je ne souhaite pas faire d'études supérieures

## MONDE 4
p. 81-90

## Deviens le maître de Parcoursup

### LES 4 VŒUX AUXQUELS JE TIENS

Quête 3 p. 86-87

- ..............................................................
- ..............................................................
- ..............................................................
- ..............................................................

### MES 3 ACTIVITÉS ET CENTRES D'INTÉRÊT

Quête 4 p. 90

- ..............................................................
- ..............................................................
- ..............................................................

# GLOSSAIRE

**A/L (prépa) :** Classe préparatoire lettres, accessible après un Bac général

**ATS (prépa) :** Classe préparatoire adaptation technicien supérieur, accessible après certains BTS, BTSA ou BUT pour entrer en école d'ingénieurs ou vétérinaire

**BBA :** Bachelor in business administration

**B/L (prépa) :** Classe préparatoire lettres et sciences sociales, accessible après un Bac général

**BCPST (prépa) :** Classe préparatoire biologie, chimie, physique et sciences de la Terre, accessible après un Bac général

**BTS / BTSA :** Brevet de technicien supérieur / agricole

**BUT :** Bachelor universitaire de technologie

**CIO :** Centre d'information et d'orientation qui existe dans toutes les académies pour t'aider dans tes choix d'orientation

**CMI :** Cursus master en ingénierie

**CPES-CAAP (prépa) :** Classe préparatoire aux études supérieures - Classe d'approfondissement en arts plastiques

**CPGE :** Classe préparatoire aux grandes écoles

**DCG :** Diplôme de comptabilité générale

**DE :** Diplôme d'état

**DEUST :** Diplôme d'études universitaires scientifiques et techniques

**DN MADE :** Diplôme national des métiers d'art et du design

**ECG (prépa) :** Classe préparatoire économie et commerciale générale, accessible après un Bac général

**ECT (prépa) :** Classe préparatoire économique et commerciale, option technologique, accessible après un Bac technologique STMG

**Educonnect :** Compte unique (avec identifiant et mot de passe) permettant d'accéder à Scolarité Services qui est un portail unique en ligne pour tout ce qui touche à ta scolarité (inscriptions, bourse, orientation, notes…)

**ENS :** École normale supérieure

**FCIL :** Formation complémentaire d'initiative locale

**Fiche dialogue :** Document servant de support au dialogue sur ton orientation entre toi, ta famille et ton établissement

**IEP :** institut d'études politiques

**JPO :** Journées portes ouvertes

**LMD :** Licence, Master, Doctorat

**MMOP :** désigne les 4 filières de santé : médecine, maïeutique, odontologie, pharmacie

**MP2I (prépa) :** Classe préparatoire mathématiques, physique, ingénierie et informatique, accessible après un Bac général

**MPSI (prépa) :** Classe préparatoire mathématiques, physique et sciences de l'ingénieur, accessible après un Bac général

**PASS :** Parcours spécifique santé (1re année d'études de santé)

**PCSI (prépa) :** Classe préparatoire physique, chimie et sciences de l'ingénieur, accessible après un Bac général

**PTSI (prépa) :** Classe préparatoire physique, technologie et sciences de l'ingénieur, accessible après un Bac général

**Semaine de l'orientation :** 2 fois dans l'année, ton lycée organise un temps consacré à l'orientation avec des activités spécifiques qui varient d'un établissement à l'autre

**TB (prépa) :** Classe préparatoire technologie et biologie, accessible après un Bac technologique STL ou STAV

**TPC (prépa) :** Classe préparatoire technologie, physique et chimie, accessible après un Bac technologique STL

**TSI (prépa) :** Classe préparatoire technologie et sciences industrielles, accessible après un Bac technologique STI2D

# Je fais quoi comme études ?

MONDE 3

MES QUÊTES

## QUÊTE 1

# LES ÉTUDES SUPÉRIEURES, À CHACUN SON PARCOURS !

Il existe plus de 24 000 formations dans ***Parcoursup***... Comment t'y retrouver ? Tu peux te repérer en fonction de leur durée, du type d'établissement dans lequel elles ont lieu et de leur caractéristiques.

### LA DURÉE

- Les Bacs technologiques, plus appliqués, mènent plutôt aux **études courtes et professionnalisantes** (Bac +2, Bac +3)
- Les Bacs généraux mènent plutôt aux **études longues** (Bac +5, Bac +8)

### LES ÉTABLISSEMENTS

Ils sont très nombreux et varient en fonction de plusieurs critères :

- **L'encadrement** proposé et **l'autonomie** attendue des étudiants
- **Le coût** des études (gratuit à université ou dans un lycée public, ou payant dans les lycées privés et les écoles spécialisées)

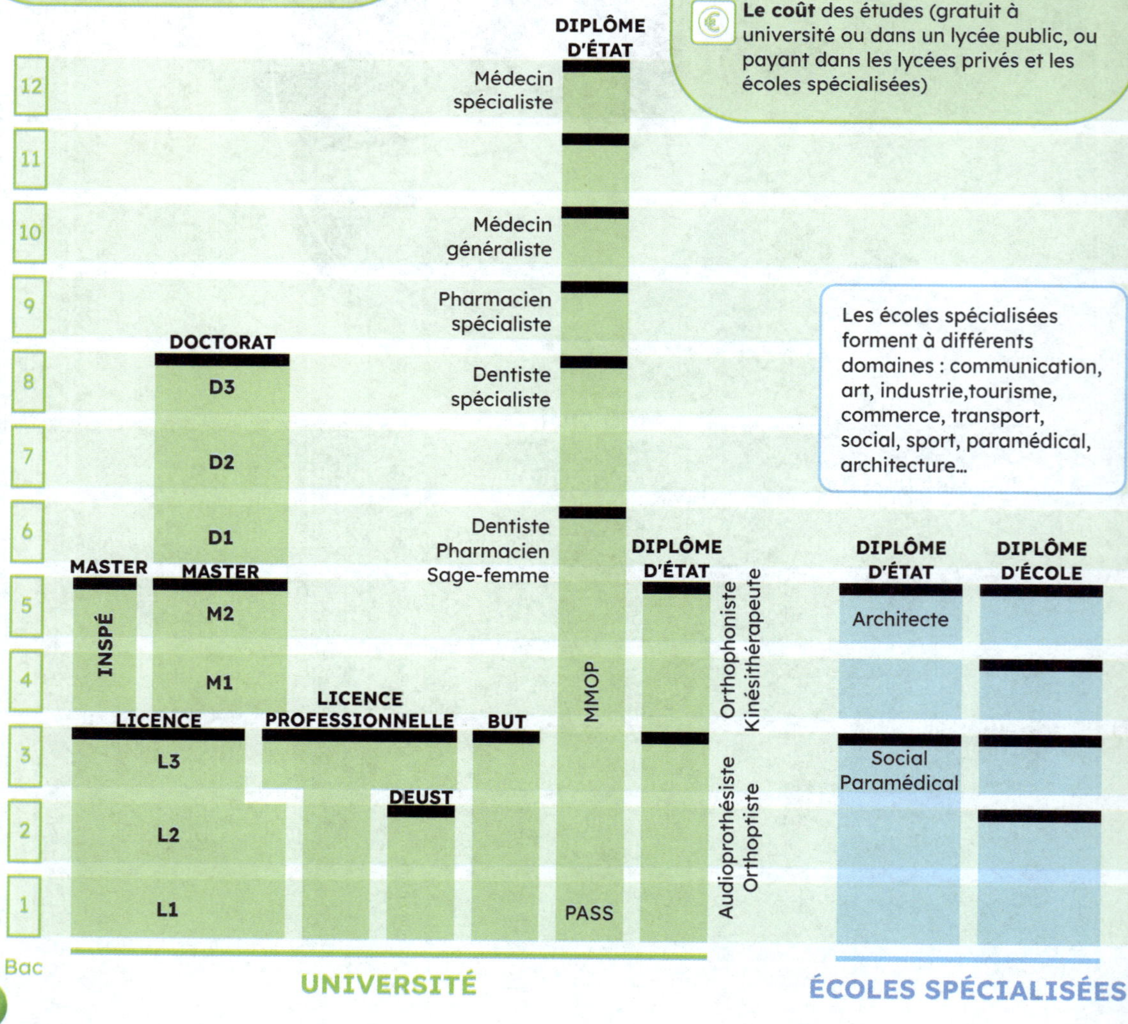


Les écoles spécialisées forment à différents domaines : communication, art, industrie,tourisme, commerce, transport, social, sport, paramédical, architecture...

**BON À SAVOIR !**

Tu peux étudier plus facilement dans d'autres pays de l'Union européenne grâce au système LMD (Licence, Master, Doctorat) qui permet d'établir des correspondances de diplômes :

- **Licence** = Bac +3 = « Bachelor » en Europe
- **Master** = Bac +5 = « Master » en Europe.
- **Doctorat** = Bac +8 = « PhD » en Europe.

GLOSSAIRE p. 52

**LE SAVAIS-TU ?**

Le choix de tes spécialités ou de ta série est important pour ton admission dans une filière d'étude. Vérifie bien dans les fiches « Formations » de ***Parcoursup*** les attendus des formations qui t'attirent pour maximiser tes chances de les intégrer.

**LES CARACTÉRISTIQUES**

- **Études générales et théoriques** (Licence en université, CPGE...)
- **Études spécialisées et appliquées** dans un ou plusieurs domaines d'activités professionnelles (école d'hôtellerie, BTS Comptabilité...)
- Études avec un **emploi du temps** plus ou moins chargé

**Il EXISTE DES PASSERELLES QUI PERMETTENT DE CHANGER DE VOIE**

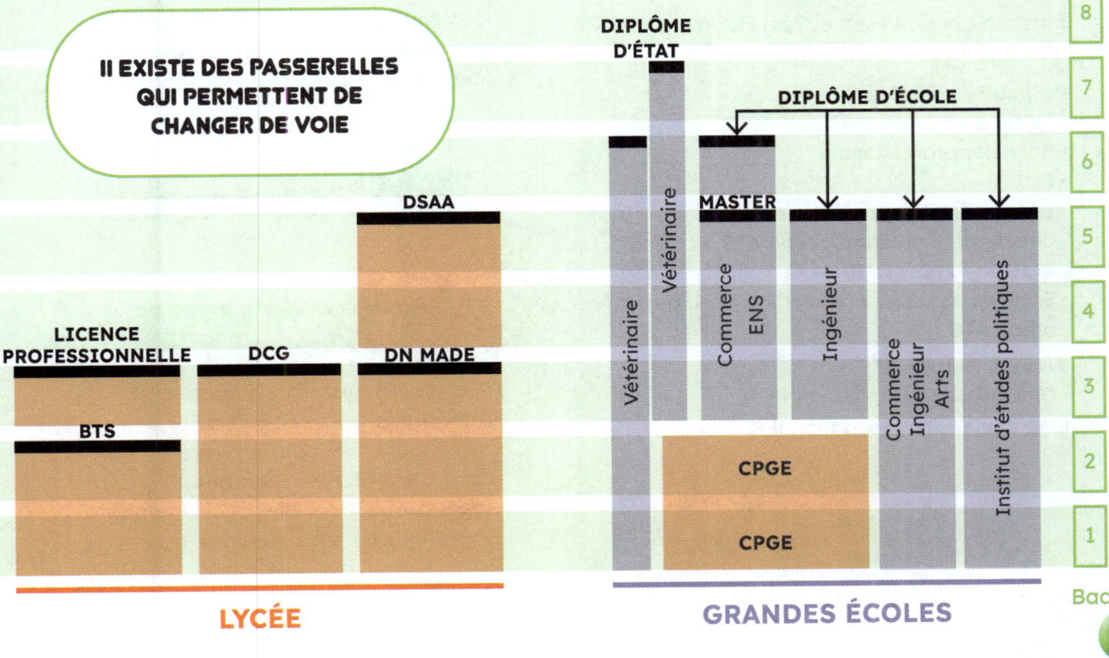

QUÊTE 2

# LES ÉTUDES À BAC +2

GLOSSAIRE p. 52

Des études courtes et professionnalisantes pour une entrée rapide sur le marché du travail ou pour poursuivre tes études. Coche la fiche qui t'intéresse !

## BTS / BTSA

Brevet de technicien supérieur
BTS Agricole

**Type d'environnement :**
- Lycée ou école, public ou privé
- Petits effectifs : 20 à 35 élèves / classe

**Sélection :**
***Parcoursup*** et hors Parcoursup
- Certaines formations ne sont pas sur la plateforme ***Parcoursup***, vérifie leurs conditions d'admission sur leur site internet.
- Si tu obtiens la mention « bien » ou « très bien » en Bac pro ou techno, tu es directement admis dans les BTS des mêmes domaines

**Stage** : 8 à 10 semaines
**Apprentissage** : possible

**Mobilité à l'étranger :**
Erasmus+ pour un semestre d'étude ou stage en entreprise

**Poursuite d'études :**
- Licence professionnelle
- Bachelor professionnel
- BUT
- Écoles d'ingénieurs, vétérinaires, directement ou après prépa ATS ou classe Agro-Véto post-BTSA
- École de commerce, directement ou après prépa ATS

**Accès à l'emploi :**
- Diplôme national
- Marché de l'emploi national

+ de 30 h cours/semaine | Cours professionnels | Autonomie | Coût variable

## DEUST

Diplôme d'études universitaires scientifiques et techniques

**Type d'environnement :**
- Université, public
- Petits effectifs : 20 à 30 étudiants / classe

**Sélection :**
***Parcoursup***

**Stage** : 8 à 10 semaines
**Apprentissage** : possible

**Mobilité à l'étranger :**
Erasmus+ pour un semestre d'étude ou stage en entreprise

**Poursuite d'études :**
- Licence professionnelle
- Licence 3 si très bon dossier

**Accès à l'emploi :**
- Diplôme national reconnu particulièrement localement car conçu pour répondre à une demande spécifique du marché local
- Marché de l'emploi régional et national

+ de 30 h cours/semaine | Cours généraux et professionnels | Autonomie | Coût

## LE SAVAIS-TU ?

Près de 625 formations, toutes en **alternance**, à Bac +2 ou Bac +3 sont reconnues et répertoriées sur ***Parcoursup*** dans la catégorie « **Formation Professionnelle** ». Elles peuvent ensuite offrir une poursuite d'études.

# QUIZ !

**1 Tu as envie de travailler :**

- O Rapidement après ton Bac, vivement l'indépendance financière et la vie active !
- Δ Tu n'es pas pressé, tu as envie de faire des études longues pour bien affiner ton projet professionnel

**2 Le genre d'études qui te plairait :**

- O Des études très spécialisées, concrètes et appliquées
- Δ Des études plus théoriques

**Majorité de O** : continue le test

**Majorité de Δ** : les études à Bac +2 ne sont peut-être pas ce qui te correspond le plus, va voir les pages 68 et 70 pour te renseigner sur les autres types d'études

**3 Ton environnement idéal après le Bac :**

- A Tu aimes la vie cadrée du lycée, tu souhaites y rester encore pendant 2 ans
- B Tu en as assez du lycée, tu as envie de découvrir l'université et l'autonomie

**4 Ton emploi du temps idéal :**

- A Dans la continuité du lycée, 30 à 35 heures de cours par semaine, ça ne te fait pas peur
- B 20 à 30h de cours, c'est bien suffisant, même s'il y a plus de travail personnel

**5 Où te vois-tu travailler après tes études ?**

- A Tu as envie de bouger, que ce soit en France ou ailleurs pour découvrir de nouveaux horizons
- B Tu aimes vraiment ta région et tu ne te vois pas ailleurs

**Majorité de A** : tu souhaites peut-être entamer des études encadrées et professionnalisantes comme le BTS

**Majorité de B** : tu te sens capable de plus d'autonomie et tu ne souhaites ne pas quitter ta région à l'avenir donc le DEUST est à envisager

Retrouve ici ta **VIDÉO COACHING !**

**INFOS**

Où trouver des informations sur les formations en 2 ans ?

- *Onisep*
- ***Parcoursup*** : carte des formations

Intéressé ? Complète ton portrait p. 50-51

QUÊTE 3

# LES ÉTUDES À BAC +3

GLOSSAIRE p. 52

Après un Bac général ou technologique, des études majoritairement professionnalisantes, toutes accessibles par ***Parcoursup*** mais aussi hors ***Parcoursup*** pour certains DCG, Bachelors et BBA. Elles permettent de poursuivre vers un Master. Coche les fiches qui t'intéressent !

EN 3/4 ANS

## BACHELOR ET BBA

BBA : Bachelor in Business Administration

**Établissement** : école de commerce ou d'ingénieur

**Stage et apprentissage** : variable selon les établissements

**Poursuite d'études :** Master universitaire, Master en école de commerce, Master en école d'ingénieur

**Attention :** *Le Bachelor est un titre d'école et n'est pas toujours reconnu par l'État. Il ne désigne qu'une durée d'études de 3 ans (ou 4 ans pour le BBA). Vérifie la validité et les équivalences du diplôme.*

20 à 30 h cours/semaine | Cours généraux et professionnels | Autonomie | Coût variable

## DCG

Diplôme de comptabilité et de gestion

**Établissement :** lycée, CFA, université

**Stage :** 8 semaines, apprentissage possible

**Poursuite d'études :** DSCG (Diplôme supérieur de comptabilité et de gestion), Master, école de commerce

**Attention :** *Le DCG est accessible uniquement après un Bac général ou un Bac STMG.*

20 à 30 h cours/semaine | Cours généraux et professionnels | Autonomie | Coût variable

## BUT

Bachelor universitaire de technologie

**Établissement :** institut universitaire de technologie (IUT)

**Stage :** 22 à 26 semaines, apprentissage possible

**Poursuite d'études :** Licence (L3) ou Master, école d'ingénieur ou de commerce, vétérinaire

**À noter :** *50 % des places en BUT sont réservées aux Bacheliers technologiques avec une spécialité proche.*

+ de 30 h cours/semaine | Cours généraux et professionnels | Autonomie | Coût

## DN MADE

Diplôme national des métiers d'art et du design

**Établissement :** lycée, école spécialisée, CFA

**Stage :** 14 à 18 semaines, apprentissage possible

**Poursuite d'études :** Diplôme supérieur d'arts appliqués (DSAA), Master, école d'art

20 à 30 h cours/semaine | Cours généraux et professionnels | Autonomie | Coût

Retrouve ici ta **VIDÉO COACHING !**

## LICENCE

**Établissement :** université

**Stage :** possible en 3e année de Licence (L3)

**Poursuite d'études :** Master, école de commerce ou d'ingénieur, école spécialisée

20 à 30 h cours/semaine | Cours généraux | Autonomie | Coût

## LICENCE PROFESSIONNELLE

**Établissement :** université

**Stage :** 12 à 16 semaines, alternance possible

**Poursuite d'études :** Master, école de commerce ou d'ingénieur

20 à 30 h cours / semaine | Cours généraux et professionnels | Autonomie | Coût

# QUIZ !

**1 Quel est ton environnement d'études idéal après le Bac ?**

- **A** Tu aimes la vie cadrée que tu as au lycée et tu voudrais retrouver cet esprit
- **B** Tu sens que tu as besoin d'un certain cadre, mais au lycée c'était trop
- **C** Tu en as vraiment assez du cadre, tu as envie de découvrir l'autonomie

**2 Quel emploi du temps te conviendrait le mieux après le lycée ?**

- **A** Dans la continuité du lycée, 30 à 35 heures de cours par semaine, ça ne te fait pas peur
- **B** 20 à 30 heures de cours, c'est bien suffisant, même s'il y a plus de travail personnel
- **C** Plus de 20 heures de cours, c'est trop, mais cela ne te dérange pas de beaucoup travailler de ton côté

**3 Quel projet professionnel imagines-tu ?**

- **A** Tu sais exactement ce que tu veux faire depuis longtemps
- **B** Tu as plusieurs idées qui doivent encore mûrir
- **C** Tu n'as pas vraiment d'idée précise

**4 Préfères-tu des études professionnalisantes ou théoriques ?**

- **A** Tu as envie de concret avant tout avec le moins de théorie possible
- **B** Tu as besoin de cas pratiques pour comprendre ce que tu apprends de façon théorique
- **C** Tu es à l'aise avec les concepts, la théorie ne te fait pas peur

**Majorité de A :** tu souhaites peut-être entamer des études encadrées et professionnalisantes comme le BUT, le DN MADE ou le DCG

**Majorité de B :** tu te sens capable de plus d'autonomie et tu serais peut-être intéressé par une Licence professionnelle ou un Bachelor

**Majorité de C :** tu es à l'aise avec l'abstraction, très autonome et tu n'as pas encore d'idée précise de ce que tu veux faire comme métier : sans doute qu'une Licence à l'université te conviendrait

**Intéressé ? Complète ton portrait p. 50-51**

QUÊTE 4

# LES ÉTUDES À BAC +5

GLOSSAIRE p. 52

Des formations approfondies pour acquérir une expertise pointue et accéder à des postes à responsabilités ou des secteurs d'excellence. Coche les fiches qui t'intéressent !

## L'UNIVERSITÉ ET LES ÉCOLES SPÉCIALISÉES

### UNIVERSITÉ (MASTER)

Les études à Bac +5 à l'université se font en 2 temps : d'abord une **Licence** en 3 ans (*cf.* p. 59) puis un **Master** en 2 ans

**Effectifs :** 1 à 110 étudiants par promotion

**Sélection :** moyenne à élevée (dossier, entretien, parfois tests), sur monmaster.gouv.fr

**Accès :** après une Licence ou un autre diplôme à Bac +3 (*cf.* p. 59)

**Attention :** *l'accès en Master après un BUT ou une Licence Pro n'est pas toujours possible, bien se renseigner auprès des universités.*

**Stage :** possible de 3 à 6 mois

**Type d'emploi à l'issue du diplôme :** cadre intermédiaire ou supérieur dans des secteurs variés (privé, public, recherche)

**Les études de médecine (MMOP)** se passent à l'université (minimum 6 ans) mais sont hors cursus LMD.

- de 20 h cours/semaine | Cours généraux et professionnels | Autonomie | Coût

### ÉCOLE SPÉCIALISÉE

**Effectifs :** variables, souvent plusieurs centaines d'élèves par promotion

**Sélection :** moyenne (dossier, entretien, parfois concours)

**Accès :** postbac (général ou technologique), parfois sur concours

**Stage :** fréquent ou alternance (3 à 12 mois)

**Diplôme délivré à Bac +5 :** Master ou diplôme spécifique à l'école

**Type d'emploi à l'issue du diplôme :** architecte, designer, journaliste, développeur informatique...

20 à 30 h cours/semaine | Cours majoritairement professionnels | Autonomie | Coût variable

### LE SAVAIS-TU ?

En fonction des formations et pour des durées variables, tu peux partir **à l'étranger** durant ta scolarité.

### INFOS

Où trouver des informations sur les formations en 3 ou 5 ans ?

- *Onisep*
- ***Parcoursup*** : carte des formations

# LES GRANDES ÉCOLES

Les Grandes Écoles proposent un enseignement plus concret que les Universités, notamment en imposant des périodes de stages ou d'alternance et, souvent, une expérience à l'étranger. Elles sont toutes **sélectives** à l'entrée, on y entre sur concours ou sur dossier, avec ou sans prépa.

## GRANDES ÉCOLES ACCESSIBLES DIRECTEMENT APRÈS LE BAC

- **Comment candidater :** ***Parcoursup*** en Terminale
- **Accès :** sur concours ou sur dossier et entretien en fonction des écoles
- **Préparer le concours d'entrée :** les concours portent la plupart du temps sur le programme de Terminale mais certaines épreuves sont spécifiques et il faut s'y préparer durant l'année de Terminale
- **Type d'écoles :** Sciences Po Paris, IEP (Instituts d'études politiques), écoles d'art, écoles d'architecture, écoles de commerce postbac (concours Sésame, Accès...), écoles d'ingénieur à prépa intégrée (concours Avenir, Geipi Polytech...)

## GRANDES ÉCOLES ACCESSIBLES APRÈS UNE CPGE

- **Comment candidater :** ***Parcoursup*** en Terminale pour s'inscrire en classe préparatoire (CPGE)
- **Accès :** sur concours
- **Préparer le concours d'entrée :** au sein d'une CPGE, approfondissement des matières étudiées au lycée
- **Type d'écoles :** écoles d'ingénieur, de management, militaires, vétérinaires, École nationale des Chartes, ENS (École Normale Supérieure), Celsa, IEP, Isit, école du Louvre, écoles nationales supérieures d'arts...

## FOCUS

### CPGE

**Classe Préparatoire aux Grandes Écoles**

La classe préparatoire est une expérience transformante, qui te permet avant tout d'acquérir des méthodes et une forte capacité de travail. Elle demande beaucoup d'investissement personnel, et il faut se sentir capable de gérer la pression des concours.

**Effectifs :** 30 à 50 étudiants par classe
**Sélection :** élevée (bon dossier scolaire, évaluation sur les résultats au lycée, et parfois des entretiens)
**Accès :** postbac

**Les différentes options de prépa :**

- CPGE Lettres (hypokhâgne et khâgne A/L ou B/L, prépa Chartes)
- CPGE Économique et Commerciale Générale (ECG, après un Bac général), ou Technologique (ECT, après un Bac STMG).
- CPGE Scientifique : avec des filières MPSI, PCSI, PTSI, MP2I, BCPST pour les Bacs généraux, et TSI, TPC, TB pour les Bacs technologiques STI2D, STL et STAV.
- CPGE Arts et Design pour les Bacheliers STD2A et généraux.

*À ne pas confondre avec les CPES-CAAP (Classe préparatoire aux écoles supérieures d'art - classe d'approfondissement en arts plastiques) qui ne durent qu'un an, ni avec les prépas artistiques privées.*

30 à 40 h cours/semaine | Cours généraux | Autonomie | Coût

# QUELQUES EXEMPLES DE GRANDES ÉCOLES

## ÉCOLE D'INGÉNIEUR

**Effectifs :** variables, souvent plusieurs centaines d'élèves par promotion

**Sélection :** moyenne à élevée (concours en terminale ou après une prépa ou un Bac +2)

**Accès :** postbac (général ou techno), CPGE, Bac +2, Bac +3

**Stages :** obligatoires (entre 6 et 12 mois sur 3 ans, parfois plus)

**Diplôme délivré à Bac +5 :** Master, titre d'ingénieur

**Type d'emploi à l'issue du diplôme :** ingénieur dans un domaine spécialisé (industrie, numérique, énergie, etc.)

20 à 30 h cours/semaine | Cours généraux et professionnels | Autonomie | Coût

## SCIENCES PO ET IEP

### Institut d'études politiques

**Effectifs :** de 85 à plus de 1 600 étudiants par promotion

**Sélection :** très élevée (concours très compétitifs)

**Accès :** postbac, CPGE, Bac +2, Bac +3, Bac +4

**Stages** ou période de formation en poste (3 à 6 mois minimum)

**Diplôme délivré à Bac +5 :** Master

**Type d'emploi à l'issue du diplôme :** fonctionnaire, magistrat, diplomate, administrateur public, métiers de l'administration et des collectivités territoriales, haute fonction publique, relations internationales...

20 à 30 h cours/semaine | Cours généraux et professionnels | Autonomie | Coût

Retrouve ici ta **VIDÉO COACHING !**

## ÉCOLE DE COMMERCE

**Effectifs :** variables, souvent plusieurs centaines d'élèves par promotion

**Sélection :** moyenne à élevée (concours en terminale ou après une prépa ou un Bac +3).

**Accès :** postbac (général ou technologique), CPGE, Bac +2 ou Bac +3

**Stages :** obligatoires (entre 6 à 12 mois, parfois plus) et apprentissage possible

**Diplôme délivré à Bac +5 :** Master ou diplôme d'école

**Type d'emploi à l'issue du diplôme :** manager, consultant, cadre en marketing, finance, RH (ressources humaines)...

20 à 30 h cours/semaine | Cours généraux et professionnels | Autonomie | Coût

# À TOI DE JOUER ! FAIS TON CHOIX PARMI LES FORMATIONS

**Maintenant que tu as identifié :**

Dans le MONDE 2 (p. 17-48) des secteurs et des métiers qui pourraient te plaire.

Dans le MONDE 3 (p. 54-62), la durée d'études et les types d'établissement qui pourraient te convenir…

Nous te proposons aux pages suivantes (p. 64-80) un aperçu des différents types de FORMATIONS par secteur d'activité.

Coche celles qui t'intéressent ! !

**À lire avant : la légende des différents critères**

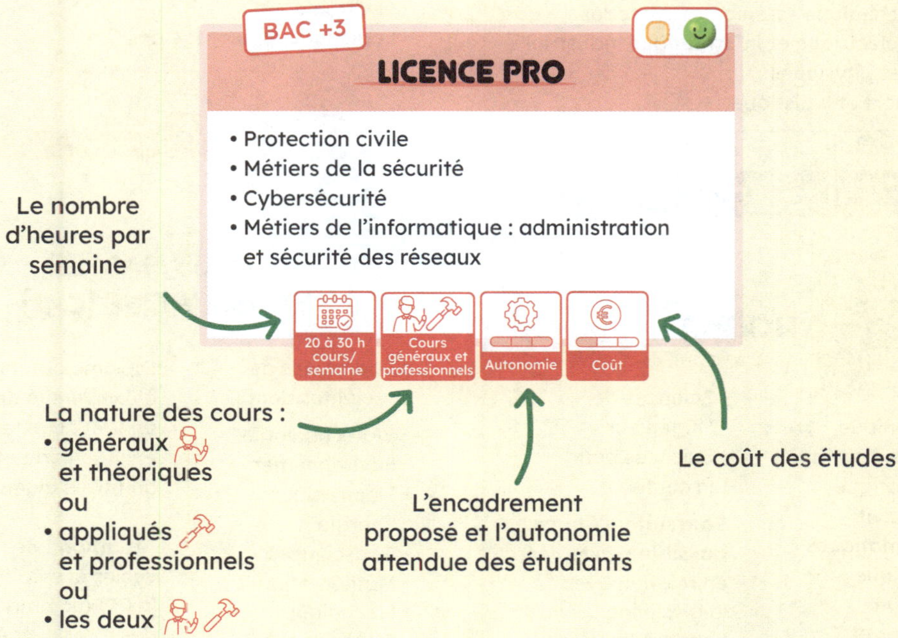


Intéressé ? Complète ton portrait p. 50-51

**FORMATIONS**
Coche celles qui t'intéressent !

QUÊTE 5

# INGÉNIERIE ET INDUSTRIE

## TRANSPORT ET LOGISTIQUE

BAC +2

### BTS

4 grands domaines de spécialité :
- Industrie, mécanique et maintenance
- Bâtiments et travaux publics
- Environnement
- Transport et logistique

+ de 30 h cours/semaine | Cours professionnels | Autonomie | Coût variable

BAC +2

### DEUST

- Analyse des milieux biologiques
- Bâtiments et construction

+ de 30 h cours/semaine | Cours généraux et professionnels | Autonomie | Coût

BAC +3

### BUT

- Génie civil - Construction durable
- Génie chimique - Génie des procédés
- Génie électrique et informatique industrielle
- Mesures physiques
- Transport et logistique

+ de 30 h cours/semaine | Cours généraux et professionnels | Autonomie | Coût

BAC +3

### LICENCE PRO

- Analyse, qualité et contrôle des matériaux et produits
- Conception et production de systèmes électroniques
- Logistique et pilotage des flux

20 à 30 h cours/semaine | Cours généraux et professionnels | Autonomie | Coût

BAC +3

### LICENCE

- Chimie
- Électronique, énergie électrique, automatique
- Génie civil
- Mathématiques
- Mécanique
- Physique
- Sciences et technologies
- Sciences de l'ingénieur
- Sciences pour la santé

**Poursuite d'études possible :** en Master en relation avec la discipline suivie pendant la Licence

20 à 30 h cours/semaine | Cours généraux | Autonomie | Coût

BAC +5

### CURSUS MASTER EN INGÉNIERIE (CMI)

13 domaines de spécialités dont :
- Biotechnologie
- Environnement
- Électronique
- Énergie
- Géosciences
- Mathématiques
- Mécanique
- Sciences et génie des matériaux

Diplôme obtenu à l'université après un CMI : Master 2 en ingénierie et non un titre d'ingénieur

**Attention !** Seules les écoles accréditées par la CTI (commission des titres d'ingénieurs) peuvent délivrer le titre d'ingénieur.

20 à 30 h cours/semaine | Cours généraux et professionnels | Autonomie | Coût

BAC +3/5

## ÉCOLE D'INGÉNIEUR POSTBAC

Accès sur concours ou sur dossier, en Terminale (ex. de concours : Advance, Avenir Bac, Geipi Polytech, France Agro 3, Puissance Alpha, CPI-Chimie Gay-Lussac)

**Les Bachelors** en 3 ans

**Attention !** Certains Bachelors ne délivrent pas le grade de Licence indispensable pour candidater en Master.

**Les programmes grande école** en 5 ans
Souvent avec une prépa intégrée (2 ans)
Les écoles généralistes proposent plusieurs spécialisations à partir de la troisième année.

20 à 30 h cours/semaine | Cours professionnels | Autonomie | Coût variable

BAC +5

## ÉCOLE D'INGÉNIEUR INP

- Accès sans concours, en contrôle continu, après une classe prépa en 2 ans (la prépa des INP)
- Le réseau INP (instituts nationaux polytechniques) comporte 30 grandes écoles d'ingénieur

+ de 30 h cours/semaine | Cours généraux | Autonomie | Coût

## LE SAVAIS-TU?

Certaines écoles ont développé des doubles diplômes :

- ingénieur-manager (avec des écoles de commerce)
- ingénieur-architecte (avec les écoles d'architecture)

BAC +5

## GRANDE ÉCOLE D'INGÉNIEUR

Accès sur concours après une classe prépa :

**Les CPGE** (classe préparatoire aux grandes écoles) permettent d'accéder aux établissements les plus prestigieux.
Il existe plusieurs voies :

- BCPST : biologie, chimie, physique et sciences de la Terre
- MP2I : mathématiques, physique, ingénierie et informatique
- MPSI : mathématiques, physique et sciences de l'ingénieur
- PCSI : physique, chimie et sciences de l'ingénieur
- PTSI : physique, technologie et sciences de l'ingénieur
- TB : technologie et biologie pour les Bacs STL et STAV
- TPC : technologie, physique et chimie pour les Bacs STL

**Les CUPGE** (cycles universitaires préparatoires aux grandes écoles) préparent aux concours en 2 ou 3 ans tout en validant une L2 ou une L3 à l'université. Concours préparés : GEI-Univ, Pass ingénieur.

20 à 30 h cours/semaine | Cours généraux et professionnels | Autonomie | Coût variable

BAC +3

## CPES-SCIENCES

- Classe pluridisciplinaire d'études supérieures : permet de préparer une Licence entre classe préparatoire et université

**En 3 ans**
**Poursuite d'études possible :** en Master ou dans les grandes écoles

+ de 30 h cours/semaine | Cours généraux | Autonomie | Coût

**+ de formations à découvrir sur Parcoursup**

QUÊTE 6

# MÉDICAL, PARAMÉDICAL, SOCIAL ET BIEN-ÊTRE

BAC +2

## BTS

- Diététique et nutrition
- Métiers de l'esthétique, de la cosmétique
- Économie sociale et familiale

+ de 30 h cours/semaine | Cours professionnels | Autonomie | Coût variable

BAC +3

## BUT

- Carrières sociales
- Génie biologique – Parcours diététique et nutrition

+ de 30 h cours/semaine | Cours généraux et professionnels | Autonomie | Coût

BAC +3

## LICENCE

- Psychologie
- Licence accès santé (LAS) ou Parcours accès spécifique santé (PASS) suivi d'une L2 et L3 Études de santé

Pour devenir médecin (9 à 12 ans), pharmacien (6 à 10 ans), dentiste (6 à 9 ans), sage-femme (en 5 ans), ou masseur-kinésithérapeute (en 5 ans)

20 à 30 h cours/semaine | Cours généraux | Autonomie | Coût

BAC +3

## LICENCE PRO

- Métiers de la forme – Mention management des centres de remise en forme et de bien-être par l'eau
- Métiers de la santé – Mention nutrition, alimentation

20 à 30 h cours/semaine | Cours généraux et professionnels | Autonomie | Coût

## ÉCOLE SPÉCIALISÉE

**Sans le Bac**

- Aide-soignant en 1 an
- Auxiliaire de puériculture en 10 mois
- Ambulancier en 18 semaines

**Bac + 3**

- Orthoptiste
- Ergothérapeute
- Psychomotricien
- Infirmier

**Bac + 4 ou +5**

Puéricultrice (en 1 an, accessible après un DE d'infirmier ou de sage-femme)

**Bac +5**

- École de psychologues praticiens (Psychoprat)
- Orthophonie
- Ostéopathie
- Chiropraxie
- Masseur-kinésithérapeute (en 5 ans dont une année de PASS ou Staps ou sciences de la vie)

20 à 30 h cours/semaine | Cours généraux et professionnels | Autonomie | Coût variable

+ de formations à découvrir sur *Parcoursup*

QUÊTE 7

# ENVIRONNEMENT, AGRICULTURE ET DÉVELOPPEMENT DURABLE

BAC +2

## BTS

- Environnement
- Métiers de l'eau
- BTSA (agricoles)

+ de 30 h cours/semaine | Cours professionnels | Autonomie | Coût variable

BAC +3

## BUT

Génie biologique – Parcours sciences de l'environnement et écotechnologies

+ de 30 h cours/semaine | Cours généraux et professionnels | Autonomie | Coût

BAC +3

## LICENCE

- Sciences de la vie et de la Terre – Parcours biologie et toxicologie de l'environnement, ou biologie cellulaire et physiologique

**Poursuite d'études possible :** Master Sciences de la Terre et des planètes, environnement – Parcours géologie

20 à 30 h cours/semaine | Cours généraux | Autonomie | Coût

BAC +3

## LICENCE PRO

Biologie analytique et expérimentale

20 à 30 h cours/semaine | Cours généraux et professionnels | Autonomie | Coût

BAC +5

## CURSUS MASTER EN INGÉNIERIE (CMI)

Biotechnologie

20 à 30 h cours/semaine | Cours généraux et professionnels | Autonomie | Coût

BAC +5/6

## GRANDE ÉCOLE VÉTÉRINAIRE OU D'AGRONOMIE

Accès sur concours

**En 1re année**, après le Bac

**En 2e année**, après :

- une CPGE : BCPST (biologie, chimie, physique et sciences de la Terre) ou TB (technologie et biologie) pour les Bacs STL et STAV
- une Licence ou une Licence pro
- un BUT
- une prépa ATS (adaptation technicien supérieur) pour les titulaires d'un BTS ou une prépa agro-véto pour les BTSA

- de 20 h cours/semaine | Cours généraux et professionnels | Autonomie | Coût variable

**+ de formations à découvrir sur *Parcoursup* :**

des écoles d'ingénieur postbac (voir p. 65), des **DEUST** (ex. : Analyse des milieux biologiques : contrôle qualité)

**FORMATIONS**
Coche celles qui t'intéressent !

QUÊTE 8

# COMMERCE, VENTE ET MARKETING

BAC +2

## BTS

- Management commercial opérationnel (MCO)
- Négociation et digitalisation de la relation client (NDRC)
- Commerce international (CI)

+ de 30 h cours/semaine | Cours professionnels | Autonomie | Coût variable

BAC +3

## BUT

- Gestion administrative et commerciale des organisations
- Technique de commercialisation

+ de 30 h cours/semaine | Cours généraux et professionnels | Autonomie | Coût

BAC +3

## LICENCE

- Administration économique et sociale (AES)
- Économie et gestion

Ces Licences se déroulent parfois au sein d'un IAE (école universitaire de management)

20 à 30 h cours/semaine | Cours généraux | Autonomie | Coût

BAC +3

## LICENCE PRO

- Commercialisation des produits et services
- Métiers du commerce international - Commerce et distribution

20 à 30 h cours/semaine | Cours généraux et professionnels | Autonomie | Coût

BAC +3/5

## ÉCOLE DE COMMERCE POSTBAC

Accès sur concours ou sur dossier, en Terminale :

- Les Bachelors : grade de Licence en 3 ans
- Les BBA (Bachelor in Business Administration) : grade de Licence en 4 ans
- Les programmes grande école ou Business School : grade de Master en 5 ans

20 à 30 h cours/semaine | Cours généraux et professionnels | Autonomie | Coût

BAC +5

## GRANDE ÉCOLE DE COMMERCE

Accès sur concours, après une classe prépa (CPGE) en 2 ans. Il existe plusieurs voies :

- Économique et commerciale générale (ECG), Économique et commerciale technologique (ECT), ou professionnelle (ECP en 3 ans destinée aux Bacs professionnels)
- Lettres (A/L et B/L)
- Économie et gestion D2

Puis grande école de commerce en 3 ans

20 à 30 h cours/semaine | Cours généraux et professionnels | Autonomie | Coût

**+ de formations à découvrir sur *Parcoursup***

QUÊTE 9

# BANQUE, FINANCE ET ASSURANCES

BAC +2

## BTS

- Gestion de la PME (GPME)
- Banque
- Assurance
- Achats
- Comptabilité et gestion (CG)

+ de 30 h cours/semaine | Cours professionnels | Autonomie | Coût variable

BAC +3

## BUT

- Gestion administrative et commerciale des organisations
- Gestion des entreprises et des administrations

+ de 30 h cours/semaine | Cours généraux et professionnels | Autonomie | Coût

BAC +3

## LICENCE

- Gestion ou Économie et gestion
- Administration économique et sociale (AES)

20 à 30 h cours/semaine | Cours généraux | Autonomie | Coût

BAC +3

## LICENCE PRO

- Métiers de la gestion et de la comptabilité
- Assurance, banque, finance

20 à 30 h cours/semaine | Cours généraux et professionnels | Autonomie | Coût

BAC +3/5

## ÉCOLE SPÉCIALISÉE

**École de commerce postbac**

Accès sur concours ou sur dossier, en terminale

- Bachelors ou BBA en 3 ou 4 ans
- Programmes grande école ou Business school : grade de Master en 5 ans

**Diplôme de comptabilité et gestion (DCG)**

en 3 ans Puis diplôme supérieur de comptabilité et gestion (DSCG) en 2 ans

20 à 30 h cours/semaine | Cours généraux et professionnels | Autonomie | Coût variable

Bac +5

## GRANDE ÉCOLE DE COMMERCE OU D'INGÉNIEUR

Accès sur concours, après une classe prépa (CPGE) en 2 ans. Il existe plusieurs voies :

- Économique et commerciale générale (ECG) ou Économique et commerciale technologique (ECT) ou professionnelle (ECP en 3 ans destinée aux Bacs professionnels)
- Lettres (A/L et B/L)
- Économie et gestion D2
- Scientifique

Puis grande école de commerce ou école d'ingénieur avec majeure ingénierie financière en 3 ans

20 à 30 h cours/semaine | Cours généraux et professionnels | Autonomie | Coût variable

**+ de formations à découvrir sur *Parcoursup***

QUÊTE 10

# INFORMATION ET COMMUNICATION

BAC +2

## BTS

- Communication
- Design de communication, espace et volume

+ de 30 h cours/semaine | Cours professionnels | Autonomie | Coût variable

BAC +3

## BUT

Information et Communication
(5 parcours possibles : communication des organisations ; information numérique dans les organisations ; journalisme ; métiers du livre et du patrimoine ; publicité)

+ de 30 h cours/semaine | Cours généraux et professionnels | Autonomie | Coût

BAC +3

## LICENCE

- Information et communication
- Philosophie ou histoire avec option journalisme
- Lettres modernes (accessibles aussi après une classe prépa CPGE voie Lettres)

**Poursuite d'études possible en Master :**

- journalisme (Celsa Sorbonne, IFP Panthéon Assas, CUEJ Strasbourg…)
- communication visuelle, gestion des médias, gestion événementielle ou marketing

20 à 30 h cours/semaine | Cours généraux | Autonomie | Coût

BAC +3

## LICENCE PRO

- Métiers de l'information : métiers du journalisme et de la presse
- Métiers de la communication : publicité
- Métiers de la communication : chargé de communication
- Communication et valorisation de la création artistique

20 à 30 h cours/semaine | Cours généraux et professionnels | Autonomie | Coût

Bac +2/3/5

## ÉCOLE SPÉCIALISÉE

Accès sur concours ou sur dossier

**Écoles privées de journalisme**

- CFJ Paris
- EJT Toulouse
- ESJ Lille

**Grandes écoles proposant des spécialisations en journalisme et/ou communication**

- Sciences Po Paris et les IEP
- CELSA
- IPJ Paris-Dauphine

**Écoles de communication**

- EFAP
- Iscom
- ECS
- IICP
- Supdepub

**Écoles de commerce postbac**

- Bachelor communication digitale, événementiel

20 à 30 h cours/semaine | Cours généraux et professionnels | Autonomie | Coût variable

**+ de formations à découvrir sur *Parcoursup***

# QUÊTE 11
# NUMÉRIQUE ET INFORMATIQUE

BAC +2

## BTS

- Services informatiques aux organisations (SIO)
- Cybersécurité, informatique et réseau, option informatique et réseau (CIEL IR)

+ de 30 h cours/semaine | Cours professionnels | Autonomie | Coût variable

BAC +2

## DEUST

- Systèmes d'information et réseaux, gestion et développement
- Systèmes d'information, numérique et électronique

+ de 30 h cours/semaine | Cours généraux et professionnels | Autonomie | Coût

BAC +3

## LICENCE

- Informatique
- Mathématiques

**Poursuite d'études possible :** en Master

20 à 30 h cours/semaine | Cours généraux | Autonomie | Coût

BAC +3/5

## ÉCOLE D'INGÉNIEUR POSTBAC

Accès sur concours ou sur dossier

- Bachelor intelligence artificielle, management de l'énergie et territoires intelligents : ESAIP, EPITA, EFREI, réseau 3iL
- Les programmes grande école : EPITA, EPITECH, EFREI, ENSIEE, ESIEA, ECE, CY TECH, ESILV, CESI, EUROCOM, Polytech (Nice Sophia, Marseille), UTT, réseau 3iL, INSA Lyon...

20 à 30 h cours/semaine | Cours professionnels | Autonomie | Coût variable

BAC +5

## GRANDE ÉCOLE D'INGÉNIEUR

Accès sur concours après une CPGE en 2 ans ou une CUPGE

Puis grande école d'ingénieur : ENSIMAG, ENSIIE, Telecom Nancy, ENSAI... en 3 ans

20 à 30 h cours/semaine | Cours généraux et professionnels | Autonomie | Coût variable

**+ de formations à découvrir :**

- **sur *Parcoursup* :** BUT (INFO, GEII AII), CMI (cursus Master en ingénierie)
- **hors *Parcoursup* :** des écoles spécialisées à la pédagogie atypique (École 42, Simplon.co, Web@academie...)

QUÊTE 12

# ARCHITECTURE, URBANISME, BTP ET IMMOBILIER

BAC +2

## BTS

- Étude et réalisation d'agencement (ERA)
- Géomètre-topographe (MGTMN)
- BTSA aménagements paysagers
- Secteur du bâtiment : une dizaine de BTS possibles
- Professions immobilières

+ de 30 h cours/semaine | Cours professionnels | Autonomie | Coût variable

BAC +3

## BUT

- Génie civil construction durable (GCCD)
- Métiers de la transition et de l'efficacité énergétiques (MT2E)
- CJ (carrières juridiques) – Parcours patrimoine et finance

+ de 30 h cours/semaine | Cours généraux et professionnels | Autonomie | Coût

BAC +5/6

## ÉCOLE D'ARCHITECTURE OU D'ARCHITECTURE INTÉRIEURE

- Écoles nationales d'architecture (ENSA)
- École supérieure d'architecture des jardins (ESAJ)
- Académie Charpentier, Camondo, ESAIL

20 à 30 h cours/semaine | Cours généraux et professionnels | Autonomie | Coût variable

BAC + 3/5

## ÉCOLE D'INGÉNIEUR

**BTP ou génie civil :**

- Accès après une prépa en 2 ans : École des ponts Paris Tech, ESTP, ENTPE en 3 ans
- Accès postbac en 3 ans : Bachelor (ESTP, CESI, ESB...)
- Accès postbac en 5 ans : ESITC, INSA (Strasbourg, Toulouse), UTT, EPF Troyes

20 à 30 h cours/semaine | Cours généraux et professionnels | Autonomie | Coût variable

BAC +3

## LICENCE

- Géographie ou sciences de l'ingénieur
- Science de la terre, génie civil
- Droit, économie ou gestion avec parcours immobilier

**Poursuite d'études possible :** en Master

20 à 30 h cours/semaine | Cours généraux | Autonomie | Coût

**+ de formations à découvrir :**

- **sur *Parcoursup* :** les DNMADE (mention espace, ornement, objet), les Licences professionnelles métiers du droit et de l'immobilier
- **hors *Parcoursup* :** l'académie de la décoration, l'école des métiers créatifs, des écoles spécialisées (Bachelor de l'EFAB, de l'ESPI)

# QUÊTE 13
# ENSEIGNEMENT, RECHERCHE ET FORMATION

Ces formations suivent le système LMD : Licence puis Master des métiers de l'enseignement, de l'éducation et de la formation (MEEF) et éventuellement doctorat. À chaque niveau d'enseignement correspond un concours de professeurs des écoles.

BAC +5

## ENSEIGNER EN MATERNELLE OU PRIMAIRE

Accès sur concours : CRPE (concours de recrutement de professeurs des écoles)

20 à 30 h cours/semaine | Cours généraux et professionnels | Autonomie | Coût

BAC +6

## ÉCOLE NORMALE SUPÉRIEURE (ENS)

- Accès sur concours après une classe prépa (CPGE)
- Formation : en 4 ans

**Poursuite d'études possible** : doctorat, préparation à l'agrégation

20 à 30 h cours/semaine | Cours généraux | Autonomie | Coût

BAC +5

## ENSEIGNER AU COLLÈGE, AU LYCÉE DANS LE SUPÉRIEUR

Accès sur concours :

- CAPES (certificat d'aptitude au professorat de l'enseignement du second degré)
- CAPLP (certificat d'aptitude au professorat de lycée professionnel)
- CAPET (certificat d'aptitude au professorat de l'enseignement technique)
- CAPLPA (certificat d'aptitude au professorat de lycée professionnel agricole)

Accès sur concours après validation d'un Master : agrégation pour enseigner au lycée ou en postbac (BTS, classe prépa)

20 à 30 h cours/semaine | Cours généraux et professionnels | Autonomie | Coût

BAC +8

## ENSEIGNER À L'UNIVERSITÉ

Accès sur concours après un doctorat et plusieurs années d'enseignement et de recherche : Concours de professeur d'université (enseignant - chercheur)

20 à 30 h cours/semaine | Cours généraux | Autonomie | Coût

+ de formations à découvrir sur *Parcoursup*

QUÊTE 14

# HÔTELLERIE, RESTAURATION ET TOURISME

1 AN

## CLASSE DE MISE À NIVEAU

Permet de postuler en BTS MHR (management hôtellerie-restauration)

20 à 30 h cours/semaine | Cours professionnels | Autonomie | Coût variable

BAC +2

## BTS

- MHR : accessible aux Bacs technos STHR, Bacs pro cuisine ou commercialisation et services en restauration ou après une mise à niveau d'1 an
- Tourisme
- BTSA développement et animation des projets territoriaux (DATR)

+ de 30 h cours/semaine | Cours professionnels | Autonomie | Coût variable

BAC +3

## BUT

- Techniques de commercialisation (TC) – Option marketing du tourisme
- Gestion administrative et commerciale des organisations (GACO) – Parcours management des activités culturelles, artistiques, sportives et de tourisme

+ de 30 h cours/semaine | Cours généraux et professionnels | Autonomie | Coût

BAC +3

## LICENCE

- Tourisme
- LEA (langues étrangères appliquées)
- Économie et gestion
- Géographie et aménagement - Parcours tourisme et développement
- Sciences sociales - Parcours management et ingénierie des espaces naturels de loisirs
- Histoire

**Poursuite d'études possible :** en Master

20 à 30 h cours/semaine | Cours généraux | Autonomie | Coût

BAC +1 à 5

## ÉCOLE SPÉCIALISÉE

Accès sur dossier

**Hôtellerie, restauration**
- Vatel
- École de Savignac
- École Ferrandi
- Institut Lyfe (ex-institut Bocuse)
- École Ducasse
- Le cordon bleu

**Tourisme**
- ESCAET
- École supérieure de tourisme
- Excelia Tourism School
- ISTHIA...

20 à 30 h cours/semaine | Cours professionnels | Autonomie | Coût variable

**+ de formations à découvrir :**

- **sur *Parcoursup* :** des formations en 1 an après le Bac (CS Organisateur de réception, FCIL Hôtellerie de plein air)
- **sur *l'ONISEP* :** après un Bac + 2, des Licences professionnelles (Organisation et gestion des établissement hôteliers et de restauration, Guide et conférencier...)

QUÊTE 15

# ART, ARTS APPLIQUÉS ET DESIGN

BAC +2

## BTS

- Métiers de l'audiovisuel
- Métiers de la mode
- Photographie
- Industries graphiques

+ de 30 h cours/semaine | Cours professionnels | Autonomie | Coût variable

BAC +3

## BUT

Management des activités culturelles, artistiques, sportives et de tourisme

+ de 30 h cours/semaine | Cours généraux et professionnels | Autonomie | Coût

BAC +3

## LICENCE

- Arts
- Arts plastiques
- Histoire de l'art
- Arts du spectacle
- Cinéma et audiovisuel
- Études théâtrales
- Musicologie

20 à 30 h cours/semaine | Cours généraux | Autonomie | Coût

BAC +3

## DNMADE

- Diplôme national des métiers d'art et de design
- 14 mentions possibles : animation, espace, événement, graphisme, innovation sociale, instrument, livre, matériaux, mode, numérique, objet, ornement, patrimoine, spectacle

20 à 30 h cours/semaine | Cours généraux et professionnels | Autonomie | Coût variable

BAC +5

## ÉCOLE SUPÉRIEURE D'ART

**Écoles publiques**
- École Boulle (ameublement)
- ENSAD (Arts déco)
- École Estienne (graphisme)
- ENSCI les Ateliers (design industriel)
- ESAA Paris (Duperré, mode)
- Gobelins (cinéma, animation)
- ENSATT (théâtre)
- FEMIS (cinéma)
- École Louis Lumière (cinéma)
- École du Louvre (histoire de l'art, archéologie)

**Écoles privées**
- ESAG Penninghen (direction artistique, architecture intérieure)
- Strate (design)
- Institut français de la mode

20 à 30 h cours/semaine | Cours généraux et professionnels | Autonomie | Coût variable

1 OU 2 ANS

## CLASSE PRÉPA

- Prépas art (publiques ou privées)
- CPES-CAAP
- CPES arts ou cinéma audiovisuel
- CPGE ENS Paris Saclay art et design

Donnent accès aux écoles supérieures d'art

- CPGE lettres A/L, options histoire des arts, cinéma audiovisuel, théâtre, musique

Donne accès à l'école du Louvre

+ de 30 h cours/semaine | Cours généraux | Autonomie | Coût variable

+ de formations à découvrir sur *Parcoursup*

FORMATIONS
Coche celles qui t'intéressent !

QUÊTE 16

# LETTRES, LANGUES, CULTURE ET PATRIMOINE

BAC +2

## BTS

Édition

+ de 30 h cours/semaine | Cours professionnels | Autonomie | Coût variable

BAC +3

## BUT

Info-communication – Parcours métiers du livre et du patrimoine

+ de 30 h cours/semaine | Cours généraux et professionnels | Autonomie | Coût

BAC +3

## LICENCE

**Lettres et sciences humaines**
- Lettres classiques
- Lettres modernes
- Lettres et arts
- Philosophie
- Histoire
- Humanités

**Langues**
- Sciences du langage
- LLCER (langues, littérature et civilisations étrangères et régionales)
- LEA (langues étrangères appliquées)

**Patrimoine et culture**
- Histoire de l'art
- Arts du spectacle
- Gestion – Parcours administration des institutions culturelles
- Médiation culturelle
- Info-com – Parcours technologie numérique, musée et patrimoine, cinéma, festival et évènement culturel

**Poursuite d'études possible :** en Master

20 à 30 h cours/semaine | Cours généraux | Autonomie | Coût

BAC +3

## LICENCE PRO

- Métiers du livre : édition et commerce du livre
- Bibliothécaire
- Métiers de l'information : archives, médiation et patrimoine

20 à 30 h cours/semaine | Cours généraux et professionnels | Autonomie | Coût

En 2 ans

## CLASSE PRÉPA

- Prépa Lettres A/L : Hypokhâgne (1re année) et Khâgne (2e année)
- Prépa Chartes

Préparent aux concours (ENS Lyon/Paris-Ulm, École nationale des Chartes, École du Louvre) et permettent de rejoindre l'Université en L3

+ de 30 h cours/semaine | Cours généraux | Autonomie | Coût

BAC +3/5

## FORMATION SPÉCIALISÉE

**Langues**
- INALCO
- Elcoa
- ISIT
- ESTRI

**Patrimoine et culture**
- Institut national du patrimoine (INP)
- École du Louvre
- École des Chartes
- ENSATT
- EAC
- ICART
- IESA

20 à 30 h cours/semaine | Cours généraux | Autonomie | Coût variable

+ de formations à découvrir sur *Parcoursup*

# QUÊTE 17
# DROIT ET JUSTICE

BAC +2

## BTS

Collaborateur juriste notarial

+ de 30 h cours/semaine | Cours professionnels | Autonomie | Coût variable

BAC +2

## DEUST

Assistant juridique

+ de 30 h cours/semaine | Cours généraux et professionnels | Autonomie | Coût

BAC +3

## LICENCE

- Droit
- Double Licence droit + une autre discipline (science politique, philosophie, éco-gestion, histoire de l'Art)
- Double Licence droit français + droit étranger
- Licence sciences des organisations (droit, management et gestion des organisations/ droit et gouvernance politique)

**Poursuite d'études possible :** Masters spécialisés en droit privé, public, civil, comparé, européen, fiscal, international, notarial, social...

**Pour devenir avocat :** préparation du concours en M1 ou M2 dans un Institut d'études judiciaire (IEJ) adossé à une université

**Pour devenir magistrat :** concours d'entrée à l'École nationale de la magistrature (ENM)

20 à 30 h cours/semaine | Cours généraux | Autonomie | Coût

En 2 ans

## CLASSE PRÉPA

- CPGE D1 Droit-économie en 2 ans

**Poursuite d'études possible :** ENS Rennes, L3 de droit ou grandes écoles de commerce

- CPES (cycle pluridisciplinaire d'études supérieures) économie, société et droit en 3 ans

**Poursuite d'études possible :** en Master de droit ou dans les grandes écoles

+ de 30 h cours/semaine | Cours généraux | Autonomie | Coût variable

BAC +3

## BUT

- Carrières juridiques - Parcours Administration et justice, Entreprise et association ou Patrimoine et finance

Puis concours administratifs de la fonction publique, de la justice

+ de 30 h cours/semaine | Cours généraux et professionnels | Autonomie | Coût

BAC +3

## LICENCE PRO

- Activités juridiques - Parcours Métiers du droit et de l'immobilier ou Assistant juridique
- Métiers du notariat

20 à 30 h cours/semaine | Cours généraux et professionnels | Autonomie | Coût

**+ de formations à découvrir sur *Parcoursup***

FORMATIONS
Coche celles qui t'intéressent !

# QUÊTE 18
# SPORT ET ANIMATION

CAP À BAC +4

## DIPLÔMES DE L'ANIMATION ET DU SPORT

- CPJEPS (pour devenir assistant animateur), accessible dès 16 ans
- BPJEPS (pour devenir éducateur sportif)

**Poursuite d'études possible en :**

- DEJEPS (coordination et d'encadrement)
- DESJEPS (direction d'un club sportif)

20 à 30 h cours/semaine | Cours généraux et professionnels | Autonomie | Coût variable

BAC +2/4

## DIPLÔMES POUR LA MONTAGNE

**Diplôme d'État (DE)**

- Alpinisme-accompagnateur en moyenne montagne (AMM)
- Alpinisme guide de haute montagne
- Ski-moniteur national de ski

**ENSM** (École nationale des sports de montagne)

20 à 30 h cours/semaine | Cours professionnels | Autonomie | Coût variable

BAC +2

## DEUST

- Activités physiques et sportives et inadaptations sociales
- Animation et gestion des activités physiques, sportives ou culturelles

+ de 30 h cours/semaine | Cours généraux et professionnels | Autonomie | Coût

BAC +3

## LICENCE STAPS

5 filières possibles :

- Activité physique adaptée et santé
- Éducation et motricité
- Entraînement sportif
- Management du sport
- Ergonomie et performance motrice

**Poursuite d'études possible :** Master ou MEEF et concours de professeur d'éducation physique et sportive

+ de 30 h cours/semaine | Cours généraux et professionnels | Autonomie | Coût

BAC +3/5

## MANAGEMENT DU SPORT

- Écoles spécialisées : Amos business School, ILEPS, ESG Sport
- Écoles de commerce : Toulouse School of Management, EM Lyon

+ de 30 h cours/semaine | Cours généraux et professionnels | Autonomie | Coût variable

**+ de formations à découvrir sur *Parcoursup* :**

des **Licences professionnelles** (management des entreprises équestres, commercialisation des produits et services sportifs) et des **BUT** (GACO – Parcours management des activités culturelles, artistiques, sportives et de tourisme)

QUÊTE 19

# POLITIQUE, HUMANITAIRE ET RELATIONS INTERNATIONALES

BAC +3

## LICENCE PRO

- Métiers des administrations et collectivités territoriales (en IEP)
- Chargé de projet de solidarité internationale et de développement durable

20 à 30 h cours/semaine | Cours généraux et professionnels | Autonomie | Coût

BAC +3

## LICENCE

**À Sciences Po Paris ou en IEP**
Cycle pluridisciplinaire de 3 ans (économie, droit, histoire, relations internationales, sciences politiques)

**À l'université**
- Licence de sciences politiques, d'études européennes et internationales
- Double Licence histoire-sciences politiques, ou science politique-économie
- Licence à l'ESPOL (*European School of Political and Social Sciences*, Université catholique de Lille)

**Poursuite d'études possible :**
- Master spécialisé vers les carrières publiques, les relations internationales, les affaires européennes, la santé, le social, ou l'humanitaire
- Concours de la fonction publique : INSP, IRA

20 à 30 h cours/semaine | Cours généraux | Autonomie | Coût

BAC +2

## CLASSE PRÉPA

- Cycle pluridisciplinaire d'études supérieures (CPES) économie, droit, sciences politiques et sociales (en 3 ans). Puis Master affaires internationales et développement ou Master politiques publiques.
- Cycle universitaire préparatoire aux grandes écoles (CUPGE) Lettres (en 2 ans). Puis IEP (en 1 à 4 ans).

+ de 30 h cours/semaine | Cours généraux | Autonomie | Coût

## ÉCOLE SPÉCIALISÉE

Accès sur concours et/ou sur dossier :
- ILERI (École des relations internationales et sciences politiques)
- HEIP (École des hautes études internationales et politiques)

20 à 30 h cours/semaine | Cours généraux et professionnels | Autonomie | Coût variable

+ de formations à découvrir sur *Parcoursup*

# QUÊTE 20

# DÉFENSE ET SÉCURITÉ

## BTS

BAC +2

- Cybersécurité, informatique et réseaux, électronique (CIEL)
- Management opérationnel de la sécurité

+ de 30 h cours/semaine | Cours professionnels | Autonomie | Coût variable

## BUT

BAC +3

Réseaux et télécommunication – Parcours cybersécurité

+ de 30 h cours/semaine | Cours généraux et professionnels | Autonomie | Coût

## LICENCE

BAC +3

- Droit
- Sciences politiques
- Relations internationales
- Informatique – Parcours Cyberdéfense

20 à 30 h cours/semaine | Cours généraux | Autonomie | Coût

## LICENCE PRO

BAC +3

- Sécurité des biens et des personnes – Parcours Protection civile ou Métiers de la sécurité
- Cybersécurité
- Métiers de l'informatique : administration et sécurité des systèmes et des réseaux

20 à 30 h cours/semaine | Cours généraux et professionnels | Autonomie | Coût

## FORMATION SPÉCIALISÉE

BAC +3/5

**Armée**
- École nationale des sous-officiers d'active de l'armée de Terre
- École de formation des sous-officiers de l'armée de l'Air
- École de maistrance à Brest...

**Police**
École de police

**Cybersécurité**
Bachelor Cybersécurité à l'EPITA, l'EFREI, l'ISEN...

**Sécurité et défense**
Master Sécurité internationale et défense à l'ILERI

20 à 30 h cours/semaine | Cours généraux et professionnels | Autonomie | Coût variable

## GRANDE ÉCOLE MILITAIRE

Bac +5

Accès sur concours après une classe prépa :
- CPES scientifique, sciences économiques, littéraire
- CPGE scientifique, économique et commerciale, lettres

Puis grandes écoles militaires en 3 ans : École Polytechnique, École spéciale militaire de Saint-Cyr, École navale, École de l'Air et de l'Espace, École des officiers de la gendarmerie nationale...

20 à 30 h cours/semaine | Cours généraux et professionnels | Autonomie | Coût

+ de formations à découvrir sur *Parcoursup*

# Deviens le maître de Parcoursup

MONDE 4

MES QUÊTES

## QUÊTE 1

# C'EST QUOI EN FAIT parcoursup ?

Entrez dans l'enseignement supérieur

**Tu as certainement entendu des histoires comme celles de ton cousin Paul, très bon élève, qui n'a rien eu sur *Parcoursup* et tu te dis que ça va être compliqué… On va te montrer qu'avec la bonne stratégie et en faisant les choses avec méthode et anticipation, il y a de la place pour tout le monde.**

## PARCOURSUP EN RÉSUMÉ

***Parcoursup*** est **une plateforme de mise en relation** entre toi, qui veux faire des études supérieures, et les formations que tu as choisies.

- Tu y trouveras des informations sur plus de 24 000 formations dans à peu près toutes les filières et tu passeras par cette plateforme pour candidater.

**Le fameux algorithme**

Il n'y a pas de système secret qui sélectionnerait les candidats : toutes les données sont publiques, accessibles en Opensource. L'algorithme est nécessaire, sinon ton dossier n'avancerait pas sur les listes d'attente ou un bachelier général pourrait candidater dans une formation réservée aux Bacs techno. En fait, c'est l'algorithme « maison » de chaque formation qui sélectionne les dossiers reçus en fonction de ses critères ou préférences.

**CONSEILS**

- **Ordi plutôt que téléphone :** tu peux te balader sur *Parcoursup* sur ton tél, mais au moment de faire tes vœux ou de répondre, ça marche mieux sur un ordi.
- **Pas d'impro !** Surtout ne choisis pas tes formations à la dernière minute et ne compte pas sur le hasard pour décider pour toi, informe-toi et anticipe !
- **Fais-toi aider** par tes parents, tes profs… Évite de tout faire seul car l'enjeu est vraiment important.

## LE CALENDRIER PARCOURSUP

DÉC. | JANV. | FÉVR. | MARS | AVR. | MAI | JUIN | JUILL. | AOÛT | SEPT.

- Ouverture de la plateforme pour consultation (déc. – janv.)
- Inscription, formulation et confirmation des vœux (janv. – mars)
- Réponse des formations et décisions (juin – sept.)
  - phase principale
  - phase complémentaire

# QUIZ !

**Parles-tu le *Parcoursup* ?** Associe chaque mot à sa définition.

1. **Fiche avenir**
2. **Formation sélective**
3. **Formation non sélective**
4. **Rubrique Préférence et autres projets**
5. **Questionnaire autoévaluation**

a. Elle accepte des candidats en fonction du nombre de places disponibles. Si elle est très demandée, elle peut quand même faire une sélection (*ex. : la PASS pour faire médecine*).

b. Obligatoire, mais non transmise aux formations, elle ne sera utilisée que si tu n'obtiens aucune proposition.

c. Il est obligatoire pour les Licences de droit ou de sciences (ou IFSI). Les résultats ne sont pas transmis aux formations, c'est juste pour t'aider à évaluer ton niveau.

d. Elle est complétée pour chaque vœu par ton lycée qui évalue la pertinence de ta candidature et ta capacité à réussir. Tu pourras la consulter lors de la phase principale d'admission.

e. Elle sélectionne les candidats sur dossier et/ou sur concours. Même s'il y a de la place, si tu ne réponds pas à leurs critères, tu peux ne pas être pris (*ex. : CPGE, BUT, IEP, Sciences Po, IFSI, écoles vétérinaires.*).

**Au moins 3 bonnes réponses :** bravo ! Tu es déjà bien aguerri.

**Moins de 3 bonnes réponses :** pas de panique, tu vas vite comprendre comment ça fonctionne.

Réponses : 1d, 2e, 3a, 4b, 5c.

Retrouve ici ta **VIDÉO COACHING !**

## LE SAIS-TU ?

➥ Tu te dis qu'avec ton dossier tu n'as aucune chance ? Faux, parmi les milliers de formations, tu en trouveras qui te prendront quel que soit ton niveau, à condition d'avoir la bonne stratégie.

➥ **Toutes les formations ne sont pas sur *Parcoursup*.** Pour certaines écoles (communication, cinéma, informatique, art..), il faut candidater hors *Parcoursup*, directement auprès de l'école. Postule quand même en plus sur *Parcoursup*, cela multiplie tes chances.

➥ **Tous les diplômes ne se valent pas.** Renseigne-toi sur leur reconnaissance (▸ p. 95).

## QUÊTE 2

# CANDIDATE SUR parcoursup

Entrez dans l'enseignement supérieur

***Parcoursup***, le plus dur c'est de s'y mettre. Moins tu en fais, plus tu stresses, plus tu stresses, moins tu en fais. Pour sortir de ce cercle infernal, il suffit de suivre 2 règles simples : familiarise-toi avec ***Parcoursup*** dès son ouverture en décembre ou même avant, et consacres-y un peu de temps régulièrement.

## ÉTAPE 1 : LA CRÉATION DU COMPTE ET L'INSCRIPTION

**De janvier à mars**

### 1 Créer mon compte

Pour t'inscrire, tu as besoin :

- De ton numéro d'INE (identifiant national élève) qui figure sur tes bulletins scolaires et sur ton relevé de notes des épreuves anticipées du baccalauréat.
- D'une adresse email valide.

### 2 Compléter mon profil

### 3 Renseigner « Ma scolarité »

Ton établissement remplit la plupart des informations demandées. Si tu constates des erreurs ici, signale-les à ton lycée.

Si besoin, complète la rubrique facultative « Éléments liés à ma scolarité » : tu as eu des problèmes de santé ou familiaux ou un autre événement qui a impacté ta scolarité ? Parles-en ici de manière honnête et succincte.

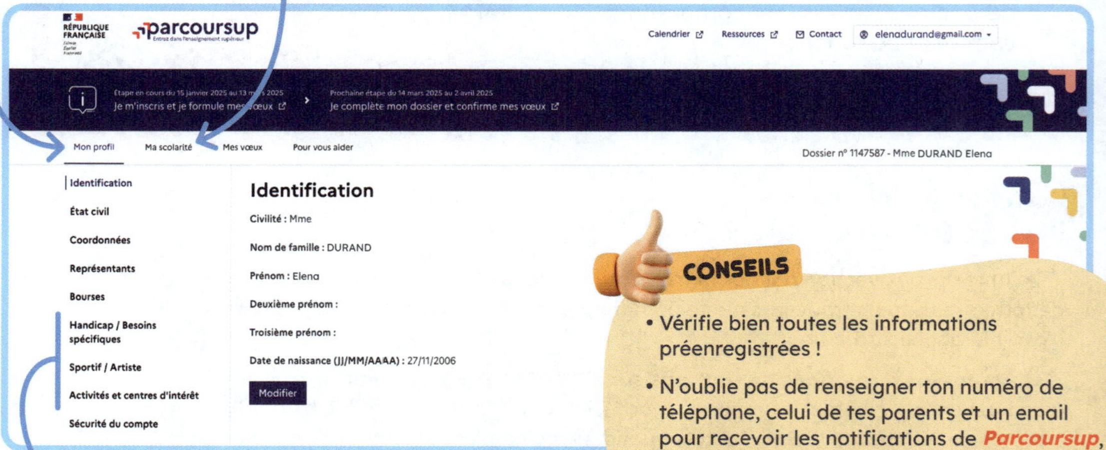


À renseigner si tu es concerné ! Tu pourrais être prioritaire dans certaines formations.

**CONSEILS**

- Vérifie bien toutes les informations préenregistrées !
- N'oublie pas de renseigner ton numéro de téléphone, celui de tes parents et un email pour recevoir les notifications de ***Parcoursup***, surtout lors de la phase d'admission.

## ÉTAPE 2 : LES VŒUX

**De janvier à mars**

1. **Sélectionne-les** et confirme ton « panier ».
2. **Fais une liste équilibrée :** c'est le plus délicat, mais cela va te garantir d'être pris. Il te faut penser en stratège ! Pas de panique, ton coach est là pour t'aider (▸ p. 86).

## ÉTAPE 3 : ACTIVITÉS ET CENTRES D'INTÉRÊT, LETTRES DE MOTIVATION

**De janvier à avril**

Ce sont des éléments déterminants pour départager des dossiers équivalents. Ton coach t'a concocté 3 pages pour cartonner à cette étape (▸ p. 88).

## ÉTAPE 4 : LES RÉPONSES AUX VŒUX

**De juin à mi-juillet pour la phase principale d'admission**

**De mi-juin à début septembre pour la phase complémentaire**

| LES RÉPONSES DES FORMATIONS | TES OPTIONS |
|---|---|
| **OUI** | **J'accepte** et je peux garder des vœux d'attente (mais pas d'autres *Oui* ou *Oui si*) |
| | **Je refuse** si j'ai obtenu un meilleur vœu |
| **EN ATTENTE** | **J'accepte** et je peux garder plusieurs vœux en attente |
| | **Je refuse** si j'ai obtenu un meilleur vœu |
| **OUI SI** La formation m'accepte à condition de suivre un parcours spécifique | **J'accepte** et je peux garder des vœux en attente (mais pas d'autres *Oui* ou *Oui si*) |
| | **Je refuse** si j'ai obtenu un meilleur vœu ou si le parcours spécifique ne me convient pas |
| **NON** | **Je n'ai pas à répondre** |

**À noter :** En alternance, les réponses sont : *Non* (refusé) ou *Oui* sous réserve de la signature d'un contrat d'apprentissage (tu dois trouver un employeur et envoyer ton contrat au plus vite pour ne pas perdre ta place).

### LE SAVAIS-TU ?

➜ Si tu as raté la phase principale ou que tu n'as rien eu de bien, tu as une deuxième chance en phase complémentaire : tu peux faire 20 nouveaux vœux pour les formations encore disponibles (et tu devras classer tes vœux encore en attente si tu en as).

➜ En dernier recours, si tu n'obtiens rien, tu peux encore saisir la commission d'accès à l'enseignement supérieur (CAES) de ton académie qui t'aidera à trouver une formation.

QUÊTE 3

# LA BONNE STRATÉGIE POUR FAIRE TES VŒUX

L'étape des vœux sur ***Parcoursup*** est essentielle. On t'explique comment mettre toutes les chances de ton côté pour obtenir la formation que tu souhaites.

## LES VŒUX PARCOURSUP

Sur la plateforme, tu peux faire :

10 vœux (simples ou multiples) en formation classique

**ET**

10 vœux (simples ou multiples) en alternance

**Vœu simple**

*Sans sous-vœu*

Une formation spécifique dans un établissement précis

Ex. : Licence d'histoire à Poitiers

**Vœu multiple**

*1 vœu et des sous-vœux*

Une même formation dans plusieurs établissements

Ex. : BUT TC à Lyon (sous-vœu 1)
à Bordeaux (sous-vœu 2)

**Le compteur des sous-vœux**

**Principe :** 20 sous-vœux autorisés en tout dans les vœux multiples

**Attention :** certains sous-vœux ne sont pas comptabilisés dans les 20 autorisés.

Ex. : concours des écoles de commerce et d'ingénieurs postbac, Sciences Po, IFSI ...

Ainsi, si tu postules au concours Sésame, tu peux choisir toutes les formations en commerce sans que ces sous-vœux ne soient décomptés.

Retrouve ici ta **VIDÉO COACHING !**

**À TOI DE JOUER !**

Ajoute un vœu simple et un vœu multiple pour voir comment ça marche. N'aie pas peur de te tromper, pendant toute la phase de candidature, tu peux enlever et remettre des vœux si tu changes d'avis.

N'oublie pas de valider tes vœux quand tu seras sûr de toi !

# LES 5 COMMANDEMENTS D'UNE STRATÉGIE GAGNANTE

**1 À l'avance à tes vœux tu penseras**

Une bonne stratégie implique d'y avoir réfléchi. N'attends pas janvier pour t'y mettre !

**2 Un maximum de vœux tu feras**

Tu as droit à 10 vœux en formation classique, pourquoi en faire 5 ? Tu hésites pour l'alternance ? Rajoute-le !

**3 Une liste de vœux équilibrée tu bâtiras**

- 25 % de vœux ambitieux
- 50 % de vœux raisonnables par rapport à ton niveau
- 25 % de vœux de sécurité

**4 Des vœux variés tu choisiras**

Utilise toute la panoplie des vœux et sous-vœux possibles pour augmenter tes chances : une prépa, une fac, un BUT...

**5 Secrètement tes vœux tu classeras**

***Parcoursup*** ne demande pas de hiérarchiser tes vœux, penses-y avant de recevoir les réponses des formations.

# COMMENT ÉVALUER TES CHANCES D'INTÉGRER UNE FORMATION ?

Ouvre ***Parcoursup*** sur ton ordi, choisis une formation et ouvre la carte d'identité. 3 onglets sont essentiels pour évaluer tes chances.

**1 Compare ton profil aux critères d'analyse des candidatures**

Ton dossier correspond-il aux attentes de la formation (type de Bac, spécialités ou séries, notes, comportement...) ? Lis bien toute la page !

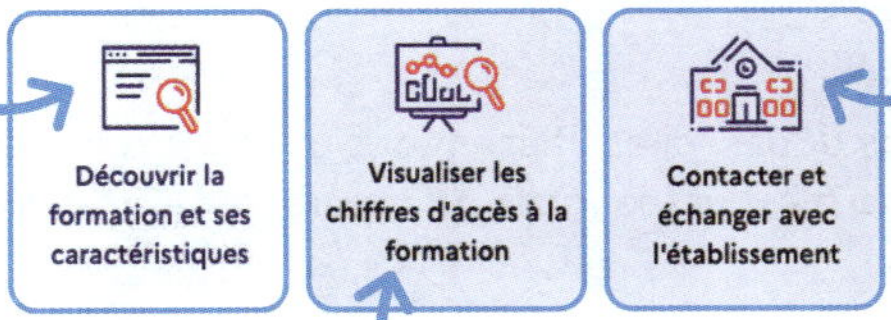


**2 Regarde les chiffres-clés**

Consulte le taux d'accès de la formation en fonction de ton Bac (général, technologique ou professionnel). Tu peux faire une simulation pour évaluer tes chances selon tes spécialités et ta moyenne générale. Mais ne t'arrête pas là. Pour analyser les chiffres, utilise aussi les 2 sites Supeasy et SupTracker qui tiennent compte de ta situation (ton lycée, ta localisation, si tu es boursier ou pas...).

**3 Tu as un doute ? Contacte la formation**

Sur la fiche tu as tous les contacts pour en savoir plus et poser tes questions.

QUÊTE 4

# COMMENT TE DÉMARQUER ?

Sais-tu que tes lettres de motivation et la rubrique « Activités et centres d'intérêt » peuvent compter pour 20 % de la note que les formations vont donner à ton dossier ? Regarde les fiches par formation, le pourcentage exact est indiqué dans l'onglet « Comprendre les critères d'analyse des candidatures ».

## LES LETTRES DE MOTIVATION

- Pour ta lettre tu disposes de **1 500 caractères** seulement : c'est très court donc va droit au but. Tu dois montrer qui tu es, ce qui t'intéresse.
- Trouve **le petit plus qui fera la différence** : tu as fait des recherches sur la formation ? tu as assisté aux Journées portes ouvertes ? tu as interrogé un étudiant ? dis-le dans ta lettre.

**BON À SAVOIR**

Pas de nom, ni de signature dans ta lettre, car ton dossier est anonyme.

La tentation Chat GPT

**Le problème avec les lettres écrites par l'IA**

**1 Tu risques de te faire griller !**

Les formations ne sont pas dupes, elles utilisent des outils de détection d'IA et même si ce n'est pas le cas, c'est assez facile de repérer les lettres qui n'ont pas été écrites par des jeunes.

**2 Ta lettre ne va pas te permettre de te démarquer**

Toutes les lettres se ressemblent sur Chat GPT, il n'y a pas de différences entre la tienne, celle de ta cousine ou de ton voisin. Fais un test, demande à Chat GPT d'écrire une lettre de motivation pour candidater dans l'école de ton choix (indique bien son nom). Te semble-t-elle vraiment prête à être envoyée ?

**3 La formation va voir que tu ne t'es pas renseigné**

Les formations veulent savoir pourquoi tu les choisis, ce que tu aimes dans leur programme et ça, il n'y a que toi qui peux le dire.

## LES ÉTAPES

### 1 Une bonne intro

**Ton but :** capter l'attention du lecteur.

Présente-toi et dis pourquoi tu leur écris en quelques phrases.

Ex. : « Curieuse et passionnée par tout ce qui touche aux robots, je souhaite rejoindre votre BUT pour travailler dans ce secteur. »

« Vendeur et négociateur dans l'âme, faire une école de commerce est un choix évident pour moi. »

**À toi :** ..............................................

..............................................

..............................................

..............................................

### 2 Un paragraphe sur toi

**Ton but :** expliquer tes compétences en lien avec la formation.

Ne donne surtout pas de liste de compétences les unes à la suite des autres. Indique à chaque fois un exemple précis.

Ex. : « J'ai choisi les spécialités HGGSP et SES car je suis curieux de comprendre le rôle de l'économie dans la société et les enjeux des relations entre grandes puissances. »

« Je pratique le foot depuis mes huit ans en club et j'aimerais associer ma passion du sport et mon goût pour le commerce. »

**À toi :** ..............................................

..............................................

..............................................

..............................................

**CONSEIL**

Écris un brouillon de lettre pour la formation qui te plaît le plus et fais-la relire à un de tes proches pour vérifier que tu n'as rien oublié d'important. Tu pourras ensuite l'adapter pour les autres formations.

### 3 Un paragraphe sur la formation

**Ton but :** montrer que tu es le candidat idéal.

Précise ce que tu aimes dans leur programme/école et pourquoi cela te correspond (avec un exemple concret d'une de tes réalisations). Parle ici de ton projet professionnel ou de la suite de tes études.

Ex. : « La dimension internationale est essentielle pour moi car j'aimerais travailler dans une multinationale et voyager pour mon travail. J'apprécie donc la possibilité que vous offrez de poursuivre l'étude de l'anglais et de faire un échange. »

« Durant mon année de terminale, j'ai réalisé l'enjeu que représentent mes études et j'ai décidé de me mettre sérieusement au travail. J'ai constaté que j'étais capable de mettre en place des méthodes de travail efficaces. C'est pour cela que le cadre structuré que votre école propose m'attire particulièrement. »

**À toi :** ..............................................

..............................................

..............................................

..............................................

..............................................

..............................................

..............................................

### 4 Une conclusion très simple

Ex. : « Pour toutes ces raisons, j'espère que ma candidature retiendra votre attention. »

ou « En espérant avoir l'opportunité de m'engager au sein de votre établissement, respectueusement. »

# ACTIVITÉS ET CENTRES D'INTÉRÊT

Cette rubrique n'est pas obligatoire, mais beaucoup de formations lui attribuent un coefficient. Tu peux y écrire 4 textes de 1 500 caractères chacun, ce serait dommage de perdre cette occasion de te démarquer !

« Je n'ai rien à dire ! ». Tu as l'impression de n'avoir aucune expérience ? Prends une par une les questions ci-dessous et si tu réponds « oui », c'est que tu as des choses à dire !

**1 Tes expériences d'encadrement ou d'animation**

Cette partie n'est pas réservée aux animateurs de colo avec un BAFA ou aux scouts !

- oui ☐ T'arrive-t-il d'encadrer les plus jeunes dans ton club sportif, ton école de musique, ou lors de réunions familiales ?
- oui ☐ Fais-tu de l'aide au devoir, du baby-sitting ?

**2 Ton engagement citoyen**

- oui ☐ Existe-t-il des causes qui te touchent (lutte contre l'exclusion, environnement...) ?
- oui ☐ Agis-tu pour les autres (maraudes, nettoyage de plage, pétitions, formation aux premiers secours...) ?
- oui ☐ Es-tu bénévole dans une association ?
- oui ☐ Es-tu actif au sein de ton établissement (délégué, écodélégué, CVL...) ou dans ton quartier ?

**3 Ton expérience professionnelle**

- oui ☐ As-tu découvert des choses lors de tes stages (3e et 2de), de tes jobs d'été ?
- oui ☐ As-tu des activités que tu mènes seul (création de contenu sur les réseaux sociaux, programmation...) ?
- oui ☐ As-tu d'ores et déjà un projet professionnel ?
- oui ☐ As-tu fait des démarches pour te renseigner sur ton projet (forum des métiers, conférence, échanges avec des professionnels...) ?

**4 Ton ouverture au monde**

- oui ☐ As-tu des pratiques sportives et culturelles ? des parcours spécifiques ?
- oui ☐ As-tu une ouverture au-delà de la France ? (une double culture ? une langue étrangère que tu apprends seul ? tu as vécu à l'étranger ?...)

# LES ORAUX D'ADMISSION

Certaines formations organisent des entretiens en plus de l'examen du dossier. Leur objectif est d'évaluer ta capacité à bien communiquer et à montrer ta motivation. En général, il n'est pas fait pour te piéger. L'examinateur cherche aussi à savoir si tu auras un bon «fit» avec les autres étudiants.

Regarde ta **VIDÉO COACHING** pour te préparer à l'oral si tu es reçu à un entretien.

# Kit de survie

**MES BONUS**

BONUS 1

# CALENDRIER DE LA 1RE ET DE LA TERM

## RENTRÉE DES CLASSES DE 1RE

**SEPTEMBRE** — **TEMPS DE LA RÉFLEXION** (pour toi et tes parents)

**Qui peut t'aider à réfléchir à ton orientation ?** Tes parents, ton prof principal, le CIO près de chez toi et ***Parcoursup*** (tu peux le consulter dès aujourd'hui)

**Semaine de l'orientation #1, proposée par ton lycée**

**DÉCEMBRE** — **1er conseil de classe**

**JANVIER** — **TEMPS DE L'ACTION** (entre ta famille et l'école)

Période des **journées portes ouvertes, salons, forums...**

**Semaine de l'orientation #2, proposée par ton lycée**

## RENTRÉE DES CLASSES DE TERM

**SEPTEMBRE** — **TEMPS DE LA RÉFLEXION** (pour toi et tes parents)

**Qui peut t'aider à réfléchir à ton orientation ?** Tes parents, ton prof principal, le CIO près de chez toi et ***Parcoursup***

Période des **journées portes ouvertes, salons, forums près de chez toi**

**Réfléchis aux formations qui t'intéressent**

**DÉCEMBRE** — **1er conseil de classe**

Ouverture de ***Parcoursup*** en mode consultation

**JANVIER** — **TEMPS DE L'ACTION** (entre ta famille et l'école)

Inscription sur ***Parcoursup*** et formulation de tes vœux

**MARS** — **2e conseil de classe**

**Examen de tes vœux par le conseil de classe**

Pendant ces deux ans, tu vas prendre de grandes décisions :

- **En 1re :** la spécialité que tu vas arrêter à la fin de l'année
- **En Term :** les formations auxquelles tu vas candidater pour poursuivre tes études

Retrouve ici ta **VIDÉO COACHING !**

**2e conseil de classe**

Indique tes **choix définitifs** de spécialités pour la Term

.....................................................................

**MARS** **MAI** **JUILLET**

## TEMPS DU CHOIX
**(pour toi et tes parents)**

Indique la spé que tu vas abandonner en Term. Ta demande sera étudiée au 2e conseil de classe

.....................................................................

**3e conseil de classe**

Se prononce sur tes choix de spécialités

Bac de français (écrit, oral)

**3e conseil de classe**

Épreuves du Bac

Résultat du Bac et inscription administrative dans la formation supérieure choisie

**MAI** **JUIN** **JUILLET**

## TEMPS DU CHOIX
**(pour toi et tes parents)**

Prépare-toi à passer les oraux des formations sélectives auxquelles tu t'es inscrit sur ***Parcoursup***

***Parcoursup :***

- Début de la phase d'admission principale
- Classement des vœux encore en attente
- Ouverture de la phase d'admission complémentaire

BONUS 2

# COMMENT S'INFORMER SUR LES FORMATIONS ET LES MÉTIERS ?

**Il existe des milliers de formations, toutes très différentes. Il est donc important de prendre le temps de bien te renseigner pour trouver la perle rare.**

## LES SALONS ÉTUDIANT

Les salons sont des super occasions de rencontrer des représentants des écoles ou des professionnels. Citons parmi les principaux : L'Étudiant, Studyrama, le Figaro étudiant, les Nuits de l'orientation des CCI (Chambres Commerce Industrie).

**Prépare bien ta visite**

**Voici quelques astuces pour ne pas être perdu et maximiser le temps que tu vas passer sur le salon.**

**1 Fixe-toi un cap**

Pourquoi vas-tu sur ce salon ? Note 2 ou 3 objectifs pour ne pas te disperser : découvrir des filières ou des métiers, trouver une école, des infos plus générales sur l'orientation…

**2 Regarde le programme en ligne**

Fais la liste des écoles, conférences ou ateliers qui t'intéressent. Prévois un planning et même un itinéraire avec le plan du salon. Tu trouves que c'est trop ? Tu nous remercieras quand tu te retrouveras dans un hall de 3 000 m² bondé avec des centaines d'exposants !

**3 Prépare tes échanges**

Prépare une liste de questions à poser : programme, admission, sélection, débouchés, stages, personnes à contacter… Apporte ton CV, ta lettre de motivation si tu en as, tes notes et de quoi écrire.

**4 Après le salon**

Fais le point avec tes parents ou des amis sur ce que tu as appris et garde contact avec les personnes rencontrées pour approfondir les échanges si besoin.

### QUI PEUT T'AIDER À FAIRE LES BONS CHOIX ?

**Dans ton établissement :** ton prof principal, le conseiller d'orientation psychologue notamment

**Des conseillers experts de l'orientation qui proposent des rendez-vous gratuitement :**
- dans les CIO (Centre d'information et d'orientation)
- dans les CIDJ (Centres d'information et de documentation jeunesse) : *cidj.com*
- à distance (internet ou téléphone) : *monorientationenligne.fr*

**Les missions locales** pour l'insertion sociale et professionnelle : *mission-locale.fr*

# COMMENT ÊTRE SÛR DE CHOISIR UNE FORMATION QUI TE CONVIENT ?

## Je découvre les programmes

Regarde sur les sites le détail des matières et les types de cours, parles-en avec des étudiants pour éviter les mauvaises surprises à la rentrée.

## Je m'informe sur la qualité de la formation

- Il est important de choisir une formation de qualité qui te permettra de trouver du travail. Pour cela, tu peux consulter les **classements** des écoles et des universités.
- Tu as aussi intérêt à te renseigner sur les **débouchés** en regardant le taux d'insertion professionnelle et ce que font les diplômés sur LinkedIn.

## Je me renseigne sur la reconnaissance du diplôme

**Attention tous les diplômes ne se valent pas**

Sur ***Parcoursup***, les formations sont contrôlées, en dehors c'est un peu la jungle et il n'est pas facile de s'y retrouver.

| DIPLÔMES RECONNUS | VS | DIPLÔMES NON RECONNUS |
|---|---|---|
| • par le ministère de l'Éducation nationale : Licence, Master (ou formations ayant grade de Licence ou Master) ;<br>• par le ministère du Travail : inscrits au répertoire national des certifications professionnelles (RNCP). | | Tu risques de payer très cher des études qui ne te serviront à rien. |

Si tous ces critères sont importants, souviens-toi que l'essentiel c'est que la formation réponde à tes envies et tes compétences (▶partie 1 « Révèle-toi »)

### LES SITES POUR T'INFORMER

**Les sites officiels incontournables :** *ONISEP, CIDJ, Eduscol, Horizon 21, oriane.info, Parcoursup*

**Les sites d'informations privés :** *Thotis, L'Etudiant, Studyrama, Le Figaro Etudiant, Inspire, les MOOC orientation, Podcast Azimut Orientation, Study Advisor*

**Pour les métiers :** *Wilbi, My job glasses, parcoursmetiers.tv, beautravail.org, Je viens bosser chez vous*

BONUS 3

# ENQUÊTE MÉTIER, MODE D'EMPLOI

Tu vas bientôt t'inscrire dans une formation du supérieur qui va te préparer à rentrer sur le marché du travail. Tu peux bien sûr choisir une école sans trop réfléchir à la suite, en te disant que tu verras bien sur place. Ou alors tu te poses et tu réfléchis en amont aux métiers que tu voudrais faire.

## C'EST QUOI UNE ENQUÊTE MÉTIER ?

- Une enquête métier consiste à **recueillir des informations sur un métier précis** auprès de professionnels de ce métier.
- Cette démarche t'aidera à faire ton choix dans la panoplie de métiers que tu envisages. Ça serait dommage de te rendre compte au bout de 6 mois de vie professionnelle que ce que tu fais ne te plaît pas. Il y a beaucoup plus de gens que tu ne crois qui sont dans cette situation...

## COMMENT FAIRE UNE ENQUÊTE MÉTIER ?

1. Sélectionne **3 métiers** que tu aimerais mieux connaître.

Ex : *électricien, responsable RH ou vétérinaire*

- ..................................................................
- ..................................................................
- ..................................................................

**TRUCS DE COACH**

Trouve 2 professionnels du même métier pour avoir au moins 2 versions différentes.

2. **Cherche des informations :** commence par regarder en ligne des descriptions de ces métiers ou des vidéos.

3. **Contacte des professionnels :** présente-toi brièvement et demande-leur s'ils peuvent t'accorder 30 min pour te parler de leur métier.

**Attention ! Adresse-toi vraiment à des professionnels**

Si tu veux te renseigner sur le métier d'électricien, fais ton enquête avec un électricien (pas avec la cousine d'un électricien). Pour le responsable des ressources humaines ou le vétérinaire, même chose.

## 4 Mène ton entretien

Voici une liste de questions pour te donner des idées mais sens-toi libre d'en poser d'autres.

- [ ] En quoi consiste votre métier ? Que **faites-vous** tous les jours ?
- [ ] Comment avez-vous **choisi** votre métier ?
- [ ] Quelles sont les **compétences** nécessaires pour faire votre métier ?
- [ ] Qu'est-ce que vous **aimez** le plus dans votre métier ? Le moins ?
- [ ] Qu'auriez-vous aimé **savoir** avant de faire votre métier ?
- [ ] Si vous n'aviez pas fait ce métier, qu'auriez-vous voulu faire **à la place** ?
- [ ] Quels **conseils** donneriez-vous à un jeune qui veut faire votre métier ?
- [ ] Qu'auriez-vous **fait différemment** si vous pouviez revenir en arrière ?
- [ ] Quelle est la chose la plus **difficile** que vous avez dû faire pour en arriver à exercer ce métier ?
- [ ] Quelles sont les **études** que vous avez faites pour exercer votre métier d'aujourd'hui ?
- [ ] Comment voyez-vous votre métier dans **5-10 ans** ?

**POUR T'AIDER**

**Comment trouver des professionnels ?**

- **Par le réseau :** demande à tes parents, ta famille ou encore ton meilleur copain. Tu peux aussi utiliser tes réseaux sociaux et mettre un message précisant ce que tu recherches.
- **Par une recherche internet :** tu as forcément des professionnels dans ta ville, tu peux essayer de les contacter.
- **Par des plateformes** de mise en relation de professionnels et d'étudiants comme *myjobglasses.com*, *explorjob.com* ou *choisirmonmetier-paysdelaloire.fr.* Tous les pros qui sont inscrits sur ces plateformes souhaitent être contactés et veulent parler de leur métier, donc dis-toi que tu ne vas pas les déranger.
- **Lors des forums métiers** organisés par ton lycée.

Retrouve ici ta
**VIDÉO COACHING !**

BONUS 4

# TOUT SAVOIR SUR LA CÉSURE ET LES ÉTUDES À L'ÉTRANGER

Et si tu imaginais d'autres options pour ton année postbac.
Voici deux pistes à explorer…

## ET SI TU DÉCALAIS TA RENTRÉE ?

- Si tu ne te sens pas prêt à commencer tes études tout de suite après ton Bac, tu peux décaler ta rentrée d'un an.
- Ta demande de césure postbac se fait sur ***Parcoursup*** :

1. Coche la case « césure » dans ton dossier candidat. Cette demande n'est pas prise en compte dans l'examen des vœux : elle ne diminue donc pas tes chances de réussite.
2. Une fois accepté dans la formation, transmets un dossier de demande de césure avec une lettre de motivation.
3. La formation accepte (ou pas) ta demande et fixe les modalités de la césure.
4. Fais ta césure et rejoins ensuite ta formation. Si entre-temps tu changes d'avis, tu peux repasser par ***Parcoursup*** pour postuler ailleurs.

**Que faire pendant sa césure ?**

- Travailler ou faire un stage
- Monter ton entreprise (étudiant-entrepreneur)
- Suivre une autre formation
- Partir au pair ou avec le visa Working Holiday en Australie et en profiter pour approfondir ta maîtrise d'une langue étrangère
- Faire du bénévolat (asso, service civique, sapeur-pompier volontaire…)

**BON À SAVOIR !**

**La césure ça n'est qu'en première année ?**

Non ! Tu peux la faire avant de commencer tes études, mais aussi pendant tes études : en Licence, en Master ou entre ta Licence et ton Master, que tu sois à la fac ou en école.

**À ne pas confondre !**

| CÉSURE LÉGALE *VIA* PARCOURSUP | VS | CÉSURE IMPROVISÉE |
|---|---|---|
| • Tu es inscrit dans ta formation<br>• Tu as un statut d'étudiant et les avantages associés (bourse, logement, restaurant universitaire, etc.) | | • Tu décides de ne t'inscrire dans aucune formation<br>• Tu n'as pas le statut d'étudiant |

Retrouve ici ta **VIDÉO COACHING !**

# ET SI TU PARTAIS À L'ÉTRANGER ?

Partir étudier à l'étranger, ça te donne envie, mais tu te demandes si c'est vraiment fait pour toi.

## Renseigne-toi

- Il faut trouver un **juste équilibre** : avoir un projet bien ficelé sans pour autant tout prévoir pour laisser la place à l'imprévu.
- Pose-toi les **bonnes questions**.

Ex. : combien d'heures de cours par semaine auras-tu ? Combien de temps libre ? Ton visa t'autorisera-t-il à travailler ? Auras-tu besoin d'une voiture pour te déplacer ou les transports publics suffiront-ils ? Y aura-t-il d'autres étudiants étrangers comme toi ? Pourras-tu revenir en France pour travailler avec un diplôme étranger (ce n'est pas automatique pour toutes les professions) ?

## Tes options pour partir

T'inscrire dans une université **à l'étranger** :

- soit directement sur le site internet de l'université ;
- soit par une plateforme d'inscription (UCAS au Royaume-Uni ou Studielink aux Pays-Bas).

**Attention :** ***Parcoursup*** *ne te propose pas d'inscription à l'étranger.*

T'inscrire dans une école ou une université **en France** qui inclut un ou plusieurs trimestres à l'étranger dans son programme.

**Attention :** *tu n'es pas certain de partir où tu veux avec cette option.*

**BON À SAVOIR !**

- Tu peux partir un trimestre, un semestre, 1 an…
- Tu peux partir après le Bac ou plus tard en Master.
- Tous les pays européens proposent des cursus en anglais. Même en France, tu peux étudier 100 % en anglais…

## Envie de te lancer ? Voici quelques questions pour commencer :

**Pour quelles raisons veux-tu partir étudier à l'étranger ? Entoure toutes les réponses qui te parlent.**

1. Pour apprendre une nouvelle langue
2. Pour m'ouvrir à une nouvelle culture/un nouveau pays
3. Pour voir comment ça se passe ailleurs, apprendre autrement
4. Pour devenir autonome
5. Pour faire des rencontres (que je ne pourrais pas faire chez moi)
6. Pour voir si je suis capable de me débrouiller, me challenger
7. Pour booster mon CV
8. Pour développer des compétences (comme l'adaptabilité, par exemple)
9. Pour vivre une aventure
10. Autre : ……………………………………

| **3 pays** où tu irais si tu pouvais étudier partout dans le monde | **3 personnes** qui peuvent t'aider à concrétiser ce projet | **3 choses** que tu t'engages à faire dès maintenant pour que ce rêve commence à devenir réalité |
|---|---|---|
| 1. …………… | 1. …………… | 1. …………… |
| 2. …………… | 2. …………… | 2. …………… |
| 3. …………… | 3. …………… | 3. …………… |

# ET APRÈS TON BAC ?

**Tu as ton Bac, tu es inscrit dans une formation pour l'année prochaine et tu te dis peut-être : ouf, l'orientation c'est fini ! Pourtant, tu vas t'apercevoir que l'orientation est un processus continu qui ne s'arrête pas avec l'entrée dans les études supérieures.**

- **Petite liste (non exhaustive) de ce que la plupart des étudiants auraient aimé savoir plus tôt.**

### 1 Travailler dès la première année

L'adaptation à la vie étudiante n'est pas toujours facile : beaucoup ratent le départ du train. En fac, près de la moitié des étudiants redoublent, d'autres se réorientent ! Mais, si tu t'organises bien et que tu travailles régulièrement, c'est dans la poche !

### 2 Penser à remplir son CV

Que ce soit pour rejoindre une Licence, un Master ou pour entrer sur le marché du travail, on attend de toi que tu fasses des choses en dehors de tes cours. Dans beaucoup de formations, les stages ne sont pas obligatoires. Donc à toi de te bouger ! Toutes les expériences pro peuvent être valorisées, même les petits boulots étudiants (vendange, manœuvre, serveur...).

### 3 Avoir un coup d'avance

Le secret d'une orientation réussie c'est d'anticiper. Tu rentres en BTS, en BUT ? Sais-tu quelles sont tes options après ? Tu fais une Licence ou un Bachelor ? N'attends pas la dernière année pour te renseigner sur les Masters !

### 4 S'écouter

Pas toujours facile de savoir ce qu'on veut vraiment. Si tu es déçu à la rentrée, pas de panique ! Tu peux changer d'établissement : certaines écoles recrutent jusqu'à fin septembre, d'autres proposent des rentrées décalées en janvier. Tu peux aussi faire autre chose pendant le reste de l'année et repostuler sur ***Parcoursup*** l'année d'après pour te réorienter, ou encore rejoindre un autre établissement en 2e année.

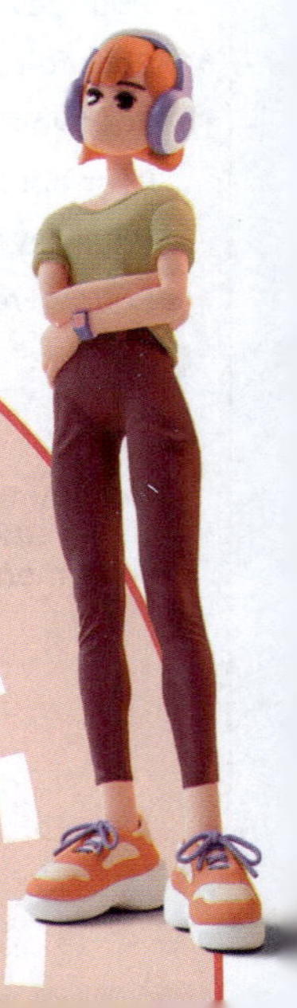



Achevé d'imprimer en mai 2025 en Espagne par GRAFO
Dépôt légal : mai 20253 - Édition 01 / 4762202